# 루소가 권하는 인간다운 삶

*Rousseau: Reflections on life*
By Kim Joong-Hyun

Published by Hangilsa Publishing Co., Ltd., Korea, 2018

# 루소가 권하는 인간다운 삶

루소와 함께 자연을 거닐다

김중현 지음

My Little Library 🍃 4

한길사

"나는 인간의 자유란 원하는 것을 하는 데 있는 것이 아니라, 원하지 않는 것을 하지 않는 데 있다고 생각한다. 바로 그것이 내가 요구하고 자주 소유했던 자유다."

· 루소

## 진리를 위해 일생을 바친 루소
· 책 머리에 붙이는 말

　루소는 자존심이 아주 셌다. 자존심이 센 사람은 화를 자주 낸다. 세상을 살다 보면 자존심 상하는 일이 한두 번이 아니기 때문이다. 자존심이 강한 사람은 열등감도 많이 느낀다. 세상을 살다 보면 자기보다 잘난 사람도 한둘이 아니기 때문이다. 루소는 열등감이 심하고 화를 잘 냈다. 그의 말대로, 성격상 여리고 소심한데다 '미천한 존재'로 태어났기에 이와 같은 감정은 더했을 것이다. 물론 '미천한 존재'라는 말은 당시의 사회·경제적인 측면에서 봤을 때의 이야기다. 평민 집안에서 가난하게 태어난 루소는 사회적으로 내세울 수 있는 게 별로 없었다. 그는 청소년 시절부터 하인, 비서, 가정교사 같은 일을 하며 당시 사회의 밑바닥을 전전했다. 그는 잃을 것이 없었다.

　루소는 그렇게 살다가 38세에 『학문과 예술에 대하여』로 디종 아카데미에서 일등상을 받았다. 루소는 그 출세작 이후로 주목할 만한 저서들을 계속 발표했고, 이로써 프랑스 혁명과 민주주의, 19세기 낭만주의에 지대한 영향을 미친 위인으로 자리 잡았다.

루소는 1749년 우정과 애증이 섞인 관계를 맺게 될 디드로와 '관용'의 철학자이자 '전투적인' 계몽사상가 볼테르를 알게 되고, 1748년『백과전서』에 음악에 관한 표제어 항목들을 집필해달라는 부탁이 인연이 되어 달랑베르와 알게 된다. 루소는 그들과 함께 자유와 평등에 관한 글을 출판함으로써 프랑스 혁명 발발에 불을 지폈다. 하지만 그 책들은 금서로 지정되어 불태워졌고 루소는 공권력의 탄압을 피해 도망을 다녀야 했다.

루소는 현실적으로 아무 힘이 없었다. '투자의 귀재'라 불리던 볼테르처럼 재산이 많은 것도 아니었고 사교성이 없어서 힘 있는 사람들의 도움도 별로 받지 못했다. 그가 지닌 것이라고는 '말의 포탄'뿐이었다. 그런데 그 '말의 포탄'이 힘이 있었던가? 아니다. 적어도 그가 살던 시대에는 무력했다. 그 '말의 포탄'은 추문만 불러일으키고 방어기능을 하지 못했다. 그의 적들이 구축해놓은 여론이 그 '말의 포탄'을 무력화하는 방공호 역할을 했기 때문이다. 루소의 말에 따르면,『고독한 산책자의 몽상』을 쓰기 두 달 전까지도 그의 '말의 포탄'은 철저히 무력했다. 일종의 방어용 포탄이라고 할 수 있는 이 작품을 끝내 다 쓰지 못하고 죽었으니, 그가 느꼈을 무력감을 이해할 수 있을 것 같다.

그렇다면 루소는 어디를 향해 '말의 포탄'을 쏘았을까? 바로 미래였고 역사였다. 루소는 진실만을 말하려고 노력했기 때문에 최후의 승리자가 된 것이다. 시간이 흐를수록 '말의 포탄'은 언젠가 핵폭탄보다 더 강한 파괴력을 지니게 될 것이다. 루소는 미래를 믿었으며, 역사를 믿었다. 그는 성공적인 인간의 업적은 '불멸의 칙령' 속에 기록된다는 사실을 믿어 의심치 않았다. 그의 믿음은 틀리지 않았다. 펜에서 쏟아져나온 콩알같이 작고 검은 '말의 포탄들'은 쇠붙이로 만들어진 어떤 무기보다 더 큰 파괴력을 발휘해, 그가 세상을 떠난 후부터 우리가 살고 있는 이 시대까지 그를 옹호해주고 있기 때문이다.

'말의 포탄'의 힘은 거기서 그치지 않는다. 루소가 '진리를 위해 일생을 바치다'라는 말을 일찍부터 자신의 신조로 삼았듯이 진리를 말하고 진리를 수호하는 사람들, 어떻게 보면 '본질적인 것'을 추구하고 실천하려는 사람들을 옹호하고 격려해줌으로써 불멸의 힘을 발휘하고 있다. 살아 있을 때 세상 사람들에게 야유와 비난을 받고 권력자들에게는 증오와 탄압의 대상이 된 이 '힘없는 자'는 최후의 승리자가 되어 마침내 사랑과 불멸의 월계관으로 보답받고 있는 것이다.

나는 그동안 루소의 작품들을 번역하면서 그에게 많은 것을 배우고 감동을 받았다. 루소의 작품을 대할 때마다 나 자신을, 나아가 내가 살고 있는 사회를 되돌아볼 수 있었다. 되돌아본다는 것은 반성한다는 말일 것이다. 그것은 결국 우리의 삶을 타인의 삶과 비교해보는 일이기도 한데, 이 책을 통해 그 비교대상을 제시하려고 노력했다. 제시된 비교대상은 다름 아닌 루소가 한 이야기, 즉 '루소의 이야기'다. 바로 루소의 말을 통해 루소에 관한 이야기가 곳곳에서

피어나기를 기대한다. 여러 독자가 각각 저마다의 이야기를 만들어
낼 것이기 때문이다.

2018년 봄
김중현

# 루소가 권하는 인간다운 삶

# 1부

**자연 속에서 마음의 평화와 행복을 얻다**

■ 그동안 당했던 숱한 억울한 일들, 즉 비방과 멸시와
   조롱과 모욕에 대해 복수심이나 증오의 불씨가
   되살아나는 기색이 보이면,
   루소는 어김없이 머리의 『식물도감』을 겨드랑이에
   끼고 간편한 옷차림을 한 채 자연의 품속으로
   숨어들었다.

   뭇사람들이 아직 내 동지였을 때 나는 지상의
   행복에 대한 계획을 세웠다. 그 계획은 모두에게
   관련된 것으로, 나는 대중이 행복을 느낄 때만
   즐거웠다. 그런데 나는 내 친구들이 오직 내 불행을
   통해서 그들의 행복을 찾고 있는 것을 느꼈다.
   나는 그들을 증오하지 않기 위해 그들을 피할
   필요가 있었다. 그리하여 '만인의 어머니'
   (대지 또는 자연) 품속으로 달려들어 나는 '그녀의
   아이들'(루소를 괴롭히던 사람들)이 내게 가하는
   박해를 피하려고 애썼다. 나는 고독해졌다.
    ·『고독한 산책자의 몽상』

   루소는 자신에게 언제나 미소를 짓는 자연의
   품속에서 안도감을 느꼈고 자연 속의 존재들을
   관찰하면서 황홀감에 도취되었다.
   자연의 아름다운 그 마력 덕분에 그는 모든 것을,
   이를테면 자기 자신까지도 망각한다. 그는 그렇게
   자신이 어디 있는지조차 까마득히 잊은 채
   전 존재를 자연 속에 잠기게 함으로써 자연과
   하나 됨을 경험하며, 몽상과 황홀경 속으로
   빠져든다.

J. J. Rousseau.

에름농빌에서 식물채집을 하고 있는 루소.

# 1 보베에서

## 루소의 어린 시절

아버지가 "장자크야, 너의 엄마 이야기를 해줄게"라고 말하면, 나는 "네. 아빠, 이제 또 울어야겠네요"라고 대답했다. 아버지는 그 말에 벌써 눈물을 흘리고 있었다. 아버지는 한탄하며 말했다. "아! 내게 네 엄마를 돌려주렴. 아내 잃은 나를 달래주렴. 너의 엄마가 내 마음에 남겨놓은 빈자리를 채워주렴. 네가 단지 내 아들이기만 하다면 내가 너를 이토록 사랑하겠니?"[1]

· 『고백』

루소$^{\text{Jean-Jacques Rousseau, 1712~78}}$는 태어난 지 일주일도 안 되서 어머니를 잃었다. 그때 루소의 어머니는 겨우 39세였다. 산욕열로 인한 고열이 원인이었던 것 같다. 루소도 거의 죽어가다시피 한 상태로 태어나서, 그가 살아날 수 있으리라고는 아무도 장담하지 못했다. 게다가 그는 요폐증을 갖고 태어나, 평생 소변을 볼 때 통증에 시달려야 했다.

---

1  루소의 『고백』에 관해서는, 이용철 옮김, 『고백록 1, 2』, 나남, 2012와 박아르마 옮김, 『고백 1, 2』, 책세상, 2015를 참고했다.

시계공이었던 루소의 아버지는 어린 아들에게서 그의 사랑하는 아내를 본다고 생각했다. 하지만 어린 루소는 아버지의 그 애정 어린 포옹에 한숨과 회한이 뒤섞여 있음을 느꼈다. 루소의 아버지와 어머니는 어린 시절 소꿉친구로 자라서 결혼까지 하게 되었는데, 변함없이 서로를 깊이 사랑했다. 『고백』*Les Confessions*에서 루소의 말에 따르면, 그의 어머니는 목사의 딸이었다. 외할아버지는 딸을 너무나 아껴서 딸의 교육에 많은 정성을 쏟았다. 루소의 어머니는 그림도 그리고 노래도 했으며 티오르바라는 현악기도 연주했다. 그의 어머니는 교양이 있었으며 시도 웬만큼 썼다. 외모가 아름다웠던 그의 어머니는 그렇게 지성과 재능으로도 찬사를 받았다.

실제로 루소의 어머니 쉬잔 베르나르<sup>Suzanne Bernard</sup>는 목사의 딸이 아니라 목사의 조카딸이었다. 어찌 된 일인지 루소는 『고백』을 쓰던 그때<sub>루소는 52세부터 『고백』을 쓰기 시작했다</sub>까지도 잘못 알고 있었다. 루소가 "나 때문에 어머니는 세상을 떠났고, 내가 태어난 것은 내 여러 불행 가운데 최초의 불행이었다"<sup>『고백』</sup>라고 말하는 것으로 미루어 보면, 자기 때문에 어머니가 목숨을 잃었다는 죄의식 때문에 세상에 태어난 것에 대해 그리 만족스러워하지 않았던 것 같다.

교양과 문학적 소양을 지닌 루소의 어머니는 그녀가 읽었던 상당수의 소설들을 남기고 떠났는데, 루소의 아버지는 아내를 그리워하며 그 소설을 아들과 함께 읽기 시작했다. 그때 루소는 겨우 대여섯 살이었다. 어린 루소는 열정적인 독서광이 되어 점점 더 어려운 책들을 읽기 시작했다. 루소는 자신이 가장 좋아하는 플루타르코스<sup>Plutarchos, 46~120</sup>를 위시하여 그리스·로마 시대의 고전들을 탐독했다. 그는 "자신을 그리스인이나 로마인으로 생각하기도 했고, 읽은 전기의 등장인물이 되기도 했다. 그에게 깊은 인상을 남겼던 의연하고 용맹한 행동에 대한 이야기들을 듣게 될 때에는 눈빛이 번뜩이고 목소리가 커졌다."『고백』 아버지와 함께 밤을 지새우며 읽었던 책과 부자간의 대화 덕분에 루소는 자유롭고 공화주의적인 성격을 갖추게 되었다. 또한 그는 자존심이 아주 강하고 자신의 의견을 굽힐 줄 모르는 사람이었는데, 그 성격 때문에 그는 일생 동안 고통을 받았다.

이 시기의 감미로운 독서는 아버지가 고티에라는 프랑스군 퇴역 대위와 싸움을 벌이게 된 사건으로 중단되었다. 루소의 아버지는 거만하고 무례한 프랑스군 퇴역 대위와 별것 아닌 일로 말다툼을 벌였다. 자존심 강하고 다혈질인 루소의 아버지는 모욕적인 말을 듣고, 퇴역 대위에게 달려들어 칼로 얼굴에 상처를 내고 말았다. 퇴역 대위는 아버지를 고소했다. 이에 루소의 아버지는 "자유와 명예를 잃지 않기 위해"『고백』 제네바 공화국령이 아닌 제네바호수 북안에 위치한 작은 도시 니옹으로 혼자 이사를 갔다. 재판에서 징역형을 받을 확률이 높았기 때문이다. 아버지는 사망할 때까지 그곳을 떠나지 않았다.

어쩔 수 없이 루소는 베르나르 외삼촌에게 맡겨졌는데, 외삼촌은 루소를 같은 나이의 아들 아브라함과 함께 보세에 있는 랑베르시에<sup>Lambercier</sup> 목사의 집으로 보냈다. 보세는 제네바에서 남쪽으로 7킬로미터 정도 떨어진 곳에 있는 시골 마을로, 그들은 그곳에서 하숙을 하면서 "라틴어와 그에 따른 여러 잡동사니 같은 것들"『고백』을 배웠다. 랑베르시에 목사와 40세 노처녀인 목사의 여동생 그리고 11세로 루소와 동갑인 사촌 베르나르와 함께 보낸 보세에서의 생활 방식은 그와 잘 맞았다. 그곳에서 루소는 노처녀 랑베르시에 양의 엄격함과 체벌에 대한 두려움에도 온화함과 다정함 그리고 평화로움을 느꼈다. 랑베르시에의 엄격함과 체벌은 루소에게 성적 환상을 심어주고 그녀에 대해 더 큰 애착을 느끼게 했다. 그곳에서 보내는 동안 루소는 어떠한 격한 감정도 목격하지 않았으며, 그 감정의 희생물이 되어본 적도 없었다. 루소는 『고백』에서 이렇게 회상한다.

제네바에서는 책 읽기가 나의 유일한 즐거움이었다. 하지만 보세에서는 공부 때문에 휴식이 될 만한 놀이를 좋아하게 되었다. 그렇게 2년을 보내자 나의 로마인 같은 거친 성격은 누그러지고 다시 어린아이 같아졌다.

· 『고백』

루소는 어린아이로 되돌아갔다. 그는 그곳에서 어린 시절을 되찾은 것이다. 보세에서 사는 동안, "모든 것이 자연에서 받은 나루소의 마음의 성향들을 키워나갔다." 도시에서 살던 어린 루소에게 시골은 너무나 새로운 곳이어서 그곳 생활을 즐기느라 지루함을 느낄 틈이 없었다. 마침내 도심의 아이 루소에게는 시골에 대한 정서가 생겨 시골을 사랑하게 되며, 훗날 시골을 그리워하며 자연으로 돌아가려고 한다.

나는 시골이 너무 좋아졌고 그 애정은 결코 식을 줄 몰랐다. 내가 아무리 나이를 먹어도 시골에서 보낸 그때의 행복한 나날을 회상하면 그곳에서 보낸 생활과 즐거움을 그리워하지 않을 수 없었고 그 그리움은 시골로 다시 돌아갈 때까지 계속되었다.

· 『고백』

어린 시절 루소에게 보세는 이처럼 '지상낙원' 같았다. 그런데 어느 날 누구의 소행인지는 모르지만 노처녀 랑베르시에가 말리려고 벽난로 뒤 벽감壁龕에 올려놓은 빗의 빗살이 몽땅 부러졌다.

어른들은 루소를 의심했다. 어린 루소에게는 어른들의 의심이 감당하기 힘든 부당한 '벌'이었다. 그 일이 있고부터 루소가 그곳을 떠날 때까지 그와 그의 사촌은 "지상낙원에 있었지만 그 삶을 즐기지 못하는 최초의 인류"가 되었다. 루소의 말대로 평온하고 행복했던 그의 어린 시절의 삶은 거기에서 끝이 났다. 하지만 훗날 그 2년의 추억은 루소의 저서에서 더욱 감미롭게 회상된다.

보세를 떠나고 30년의 세월이 흐르는 동안 연관된 추억들을 통해 그곳에서의 체류를 유쾌하게 회상한 적이 없다. 하지만 중년기를 지나 노년기에 접어들면서 다른 기억들은 사라지는 반면에 보세에서 지낸 추억은 되살아나 매력과 힘이 나날이 더해가며 내 기억 속에 생생하게 새겨지는 것을 느낀다.

· 『고백』

## 교육서의 고전 『에밀』

『고백』에서 루소는 44세인 자신을 이미 늙었다고 생각한다. 그때가 1756년이었다. 요즘 상식으로는 잘 이해가 안 되지만, 그 당시에 그가 그렇게 생각했던 것이 큰 무리는 아닌 것 같다. 태생적으로 허약 체질인 데다 병까지 갖고 태어나 이미 쇠진함을 느끼는 그로서는 충분히 그럴 수 있었을 것 같다. 『에밀』*Émile ou de l'éducation*을 쓰기 시작한 1759년 역시 비슷한 시기로 그에게는 이미 '노년기'로 접어든 시기였다. 그렇기에 '기억 속에 생생하게 새겨져 그 매력과 힘이 나날이 더해가는 보세의 추억'은 『에밀』에 영향을 미쳤을 것이다. 교육서의 고전인 그 책에서 루소는 시골을 찬미하며, 아이를 시골에서 키울 것을 강력히 조언하고 있기 때문이다.

『에밀』에서 루소는 '에밀'*Emile*이라는 가상의 아이가 공화국에 합당한 건전하고 자유로운 시민으로 성장하도록 교육시킨다. 에밀은 부유하고 아주 건강한 귀족 집안 태생의 고아이지만 모든 면에서 보통의 아이와 다름이 없다. 에밀이 고아이기 때문에 루소는 자기 학생에 대한 절대적인 권한을 가지고 있다. 에밀이 태어날 때부터 결혼할 때까지의 교육과정을 담은 이 '소설' 같은 교육론은 총 5부로 이루어져 있다. 그 교육과정의 전반적인 움직임은 개체인 자기 자신

시계 수리 중인 아버지 곁에서 독서삼매경에 빠진 루소.

에서 전체인 사회생활로, 자기 주위의 사물에서 우주 천체의 운동으로, 구체적인 것<sup>감각에 의한 경험</sup>에서 추상적인 것<sup>관념</sup>으로, 자기 보존을 위한 자기애에서 보편적인 인류애로 확대되는 원심분리적인 구조로 형성되어 있다.

『에밀』에서 루소는 아이를 시골에서 키운다. 루소에 따르면, 공기는 갓 태어난 아이의 체질 형성에 중요한 영향을 미친다. "공기가 아이의 체질에 영향을 미치는 시기는 인생의 초반기다. 그것은 모공을 통해 섬세하고 부드러운 피부 속으로 스며들어, 갓 태어난 아이의 신체에 큰 영향을 미침으로써 신체에 결코 지워지지 않는 흔적을 남긴다."[2]

반면 도시의 탁한 공기와 불건전한 환경은 아이의 신체뿐만 아니라 정신에도 악영향을 끼친다. 본래 인간은 개미떼처럼 뒤엉켜 살도록 만들어지지 않았다. 드문드문 흩어져서 경작하며 살도록 되어 있었다. 인간은 한곳에 모이면 모일수록 더 타락해진다. 정신의 타락과 육체의 병약함은 우글거리면서 사는 군집에서 발생할 수밖에 없는 불가피한 결과다. 인간은 모든 동물 가운데 군집성이 가장 약한 동물이기 때문에 양떼처럼 모여 살 경우 머지않아 사라지고 말 것이다. 사람이 내쉬는 숨은 다른 사람에게 치명적이기 때문이다. 이것 역시 루소가 한 말이다. 루소는 도시생활의 해로움에 대해 비판의 강도를 더욱 높인다.

도시는 인류 파멸의 구렁텅이다. 몇 세대 후에 그곳에 사는 인간

---

2    루소, 김중현 옮김, 『에밀』, 한길사, 2003, 101쪽. 이후의 『에밀』의 인용은 이 번역본에 기초했다.

들은 사라지거나 쇠퇴할 것이다. 그들을 소생시켜 줄 필요가 있다. 그들을 소생시키는 생기를 불어 넣어주는 곳이 바로 시골이다. 그러니 당신의 아이가 그 생기를 들이마시도록 시골로 보내라. 너무 많은 사람이 군집해 사는 곳의 그 해로운 공기 속에서 잃은 원기를 되찾도록 아이를 전원으로 보내라. 시골에 있는 임산부들은 아이를 출산하기 위해 서둘러 도시로 오는데, 임산부들, 특히 자신의 아이를 스스로 양육하고자 하는 임산부들은 정반대로 행동해야 한다. 임산부들이 생각하는 것만큼 후회할 일은 없을 것이다.

·『에밀』

아이는 루소의 어린 시절처럼 공기 좋은 시골에서 단순하고 자유롭게 자연에 맞는 생활을 해야 한다. 루소는 얼마나 많은 아이가 부모나 가정교사의 엉뚱한 교육과 교육열의 희생양이 되어가고 있는지 반문한다. 그러면서 루소는 그 부모들에게 그들의 아이들을 인간답게 대하라며 아이들에게 아이들의 어린 시절을 돌려주라고 권고한다.

사람들이여, ……아이를 사랑하라. 아이의 놀이와 즐거움과 사랑스러운 천성을 독려하라. 웃음이 항상 입가를 떠나지 않으며, 영혼이 언제나 평화로웠던 그 시절을 그리워하지 않는 사람이 누가 있는가? 왜 당신은 그 천진한 아이에게서 쏜살처럼 지나가는 그렇게도 짧은 순간의 환희와 그들이 남용할 줄 모르는 귀중한 행복을 빼앗으려 하는가? 어째서 당신은 이미 지나가 당신에게 다시 오지 않는, 이제 아이들에게도 다시 오지 않을 그 쏜살같은 어린 시절을 회한과 고통으로 채워주려 하는가? 아버지들이여, 죽음이 당신의 아이들을 기다리고 있는 때를 아는가? 자연이 그들에게 부여한 이 짧은 시간을 조금일지언정 빼앗아 당신에게 후회하는 동기를 부여하지 마라. 그들이 존재의 기쁨을 느낄 수 있게 된 이상 그것을 향유하게 하라. 신이 그들을 언제 불러가더라도 그들이 아직 삶의 기쁨을 맛보지도 못한 채 세상을 뜨게 하지 마라.

·『에밀』

루소의 기억에 따르면, 실제로 어린 시절 랑베르시에 목사는 매우 분별력 있는 사람이었다. 그는 아이들을 교육할 때 아이들이 거부감을 느끼게 하지 않으면서 교육 효과를 극대화시켰다. 시골의 평화로움 속에서 함께 사는 습관을 통해 인간에 대한 따뜻하고 신뢰 어린 시선을 갖게 하는 데 도움을 주기도 했다. 또한 루소를 둘러싼 모든 것, 즉 아름답고 청정한 자연과 인간들은 그의 선한 천성을 왜곡시키지 않았다. 짧은 기간이었지만 보베에서 보낸 즐겁고 행복한 그 2년의 시골 생활은 루소에게 어린 시절을 오롯이 되돌려주었던 것 같다. 루소는 랑베르시에 목사의 '인간적인' 교육에 감사하며 훗날 이렇게 회상한다.

랑베르시에 목사의 집에서 지내던 루소.

그가 잘했다는 증거로는 내가 구속에 대한 거부감을 지니고 있었음에도 공부 시간을 기억하면 결코 반감이 들지 않았다는 것과 비록 그에게서 많은 것을 배우지는 못했지만 배운 것만큼은 어려움 없이 배웠고 무엇 하나 잊어버리지 않았다는 것이다. 이러한 전원생활의 소박함은 나의 마음을 우정을 향해 열어주어 말할 수 없이 소중한 도움을 주었다.

·『고백』

## 2 샤르메트계곡에서

### 유랑생활

16세에 루소는 외삼촌의 주선으로 아벨 뒤코묑이라는 동판 조각사 밑에서 5년 계약으로 수련을 쌓는다. 그 일 자체는 마음에 들었지만 상스럽고 거친 주인이 싫어서 루소는 곧 그곳을 떠난다. 루소의 '방랑시대'는 그때부터 시작된다. 무엇보다 뒤코묑은 그의 독서열을 못마땅해 했다. 어린 시절의 독서취미가 되살아난 루소는 작업대에서도 책을 읽고, 심부름을 갈 때나 심지어는 화장실에서도 책을 읽었다. 틈만 나면 몇 시간이고 책에 몰두했다. 뒤코묑은 그런 그를 붙잡아 때리기도 하고 책을 빼앗기도 했다. 루소 자신의 말에 의하면, 그가 얼마나 많은 책을 빼앗아 찢거나 불사르고 창밖으로 던져버렸는지 모른다.

그런 횡포를 견디지 못해 뒤코묑을 떠난 루소는 며칠 동안 제네바 근처를 떠돌며 친분이 있는 농부들 집에서 끼니와 잠자리를 해결했다. 그렇게 근근이 걸식을 하고 돌아다니던 중, 그는 제네바에서 8킬로미터 떨어진 사부아 지방의 콩피뇽으로 흘러들어갔다. 그곳에서 루소는 그 지역의 주임신부 퐁베르라는 사제를 만나러 갔다. 루소에 따르면, 공화국의 역사에서 유명한 그 이름이 그에게 깊은 인상을 주었으며, '목에 숟가락을 건 귀족'들의 후손이 도대체 어떤 사람들인지 보고 싶었다. 1527년 스위스의 가톨릭교도 귀족들은 종교개혁에 대한 반대의 상징으로 목에 숟가락을 걸었는데, 퐁베르 사제도 그에 동조한다는 의미로 나무 숟가락을 목에 걸고 다녔다. 그는 그곳에서 많은 개신교도를 가톨릭으로 개종시키고 있었다. 그런 그에게는 사제로서 개종시킬 젊은 개신교도 한 명이 제 발로 걸어 들어온 것이나 마찬가지였다.

사제는 16세 소년 루소를 따뜻하게 맞아주었다. 하지만 개종시키는 데에만 눈이 팔려 있던 퐁베르 사제는 어린 '가출' 소년을 집으로 돌아가도록 설득하기는커녕 "이단에서 벗어난 영혼이 가톨릭으로 다시 돌아오기를 바랐다."『고백』 사제는 함께 식사를 하면서 루소에게 부추기듯 말했다.

하느님이 자네를 부르시네. 안시로 가보게. 그곳에 가면 참으로 자비롭고 훌륭한 부인을 만나게 될 것이네. 왕의 자선 덕분에 많은 영혼이 그릇된 신앙에서 벗어나고 있는데, 그 부인도 왕의 도움으로 오류에서 빠져나오게 되었다네.

· 『고백』

## 바랑 부인과의 만남

루소는 개종할 생각이 전혀 없었다. 하지만 퐁베르 사제의 환대와 부추김 그리고 무엇보다 지독한 허기에 대한 두려움 때문에 퐁베르 사제의 소개서를 들고 안시로 떠났다. 그런데 바로 그 부인, 즉 바랑<sup>Warens</sup> 부인과의 만남이 루소의 운명을 바꿔놓았다. 바랑 부인은 가톨릭으로 개종한 바랑 남작의 부인으로, 당시 브베의 대지주이자 시참사회의 의원인 남편 세바스티엥 바랑과 헤어져 안시에 살고 있었다. 그녀는 왕이 하사하는 2,000프랑의 연금으로 그녀의 집을 찾는 가난한 사람들을 먹여주고 재워주었으며, 개신교도들을 가톨릭으로 개종시키고 있었다.

불안한 마음이 없지 않았지만, 루소는 산악지방을 지나 며칠간의 여행 끝에 마침내 어느 날 아침 안시에 도착했다. 그때 바랑 부인은 종려주일 예배에 가는 중이었는데 루소는 부인을 뒤쫓아 달려가 저택 뒤쪽으로 이어진 좁은 길에서 부인을 만났다. 순수한 소년은 바랑 부인에게 한눈에 반해, 당장 '그녀의 편'이 되어버렸다. 훗날 루소는 그때 그 순간을 이렇게 회상한다.

나는 우아함으로 빚어진 얼굴과 온화함으로 충만한 아름다운 푸른 눈, 눈부신 얼굴빛, 매혹적인 가슴의 곡선을 본다. 젊은 개종자는 재빠르게 부인을 단 한 번 힐끗 쳐다보면서 하나도 놓치지 않았다. 왜냐하면 나는 이런 전도사들이 전도하는 종교는 틀림없이 사람들을 천국으로 인도한다고 확신하며 당장 부인의 편이 되어버렸기 때문이다. 부인은 내가 떨리는 손으로 내미는 편지를 미소 지으며 받아들었다. 부인은 퐁베르 사제의 편지를 힐끗 보더니 다시 내 편지를 보고는 끝까지 읽었다. 교회에 들어갈 시간이라고 하인이 알려주지 않았다면 부인은 편지를 한 번 더 읽었을지도 모른다. "이런! 이봐요, 아직 나이도 어린데 그렇게 여기저기 떠돌아다니다니요. 정말 가슴이 아파요." 부인의 말에 나는 몸이 떨려왔다. 그러더니 부인은 내가 대답하기도 전에 이어서 말했다. "우리 집에 가서 기다려요. 아침식사를 달라고 하세요. 미사를 마치고 나서 함께 이야기를 나누도록 해요."

· 『고백』

감수성이 예민한 소년 루소에게 바랑 부인의 아름다운 모습은 이렇게 각인되었다. 부인은 루소에게 아주 관능적으로 비쳤던 것 같다. "부인은 다정하고 상냥한 자태, 매우 온화한 눈매, 천사 같은 미소, 내 입에 꼭 맞는 입, 드물게 아름다운 금발머리였는데, 아무렇게나 감아올린 머리가 부인을 매우 매력적이게 했다. 부인은 키가 크기보다는 오히려 작달막한 편이었지만…… 부인보다 더 아름다운 얼굴과 더 아름다운 가슴과 더 아름다운 손과 더 아름다운 팔을 보지 못했다."『고백』

안시에 도착한 지 며칠 되지 않아 루소는 부인의 권유로 다시 이탈리아 토리노로 떠났고 그곳의 성령 수도원에 입소해 가톨릭으로 개종했다. 그런데 그는 수도원에서 개종을 위해 교육을 받던 한 동성애자의 성추행과 파렴치한 언행에 겁을 먹고 그곳에서 도망치듯 빠져나왔다. 그 후 그는 토리노 근처를 떠돌며 석 달 동안 베르첼리스 부인 집과 구본 백작 집에서 하인 노릇을 하며 살았다.

토리노에서 그렇게 일 년여 동안 머물다가 안시로 돌아왔을 때 루소는 바랑 부인을 만나지 못했다. 부인이 파리에서 지내고 있었기 때문이다. 그는 다시 성가대 양성소의 기숙생으로 들어가 지내기도 하고 뇌샤텔에서 음악 개인교사 일을 하기도 하며 방랑생활을 계속했다. 하지만 그는 '천사 같은' 바랑 부인을 잊을 수 없었고 그의 마음은 언제나 부인 곁을 맴돌았다.

### 샤르메트계곡에서 보낸 행복한 삶

1731년, 어느 스위스 대령의 조카 집에서 다시 하인 노릇을 하던 루소는 샹베리에 살고 있는 바랑 부인을 다시 찾았다. 그 후로도 늘 그랬지만, 부인은 청년 루소를 다정하게 맞아주었다. 첫날부터 루소와 부인 사이에는 더없이 다정한 친교가 이루어졌고, 부인은 루소를 '프티'petit, 아가로, 루소는 부인을 '마망'Maman, 엄마이라 부르게 되었다. 물론 바랑 부인에 대한 루소의 애착과 '엄마'라는 호칭은 어머니 없이 자란 소년의 어머니에 대한 그리움의 표현이기도 할 것이다. 그런데 다정하고 인자한 그 '엄마'는 겉보기와는 다르게 매우 활동적이었으며, 통이 큰 부인이었다. 부인은 화학과 약학에 몰두하여 실험실에서 연고와 에센스를 제조하기도 했으며, 모험적인 사업에도 관여했다. 나아가 설탕 정제와 그릇 제조 사업에도 지인들과

바랑 부인의 초상화.

함께 손을 댔다. 그녀에게서도 당시 계몽주의 시대의 사회적인 분위기를 엿볼 수 있다. 그 당시 사회는 사교계의 귀족 부인들까지 실험실을 소유할 정도로 과학에 대한 관심이 컸기 때문이다. 하지만 바랑 부인은 번번이 사업에 실패했다. 사업가가 되기에는 너무 순진했던 것 같다. 루소는 사업 실패로 경제적으로 어려워진데다 돈 문제로 성가시게 구는 사람들 때문에 '엄마'가 도시에 싫증을 느낀 것을 알았다. 그래서 '아가'는 '엄마'에게 그들을 피해 도시를 떠나 외딴 집에 가서 사는 것이 어떠냐고 자주 권했다.

　마침내 그들은 샹베리 성문 근처 샤르메트계곡을 거처로 정했다. 샤르메트는 "상당히 높은 구릉 두 개 사이에 남북으로 이어진 계곡이 있고, 그 바닥에는 조약돌과 나무들 사이로 시냇물이 흘렀다. 작은 골짜기를 따라 언덕 중간에는 집 몇 채가 드문드문 있었는데, 야생적이고 외진 안식처를 좋아하는 사람이라면 아주 마음에 들어할 장소였다."『고백』 바랑 부인과 루소는 바로 그 집들 가운데 가장 예쁜, 군인 귀족 노에래Noëray 씨 소유의 집을 얻었다. 집 앞쪽에는 아담한 정원이 있고, 왼편 낮은 언덕으로는 포도밭과 과수원이 있었다. 계곡 맞은편 언덕에 작은 밤나무 숲과 작은 샘이 있었으며, 계곡 더 높은 곳에는 목초지가 있었다. 바로 이 그림 같은 집에서 루소의 행복은 다시 시작되었다. 그 행복이 그리 오래 지속되지 않았지만 말이다. 그러나 이 꿈 같은 시절은 시골 마을 보베에서 보낸 기간보다 훨씬 더 길었으며, 그곳에서와는 다른 행복을 맛보았다. 루소는 무엇보다 감정적으로, 그리고 지적으로 풍요로웠다.

루소가 바랑 부인을 설득해 도시를 떠난 것은 부인을 위해서이기도 했지만 다른 한편으로는 자기 자신의 오랜 바람이기도 했다. 요폐증을 갖고 병약하게 태어난 그는 여전히 병치레가 아주 잦은데다 사업으로 인한 부인의 삶의 테두리 속에서 신체적으로 버티기 힘들었기 때문이다. 그럴수록 루소에게 어린 시절 보베에서 지낸 생활은 세이렌의 유혹적인 노래가 되어 들려왔다. 그는 보베에서 지낸 경험을 통해 이익과 탐욕이 칼날처럼 두렵게 맞부딪치는 도시보다 공기 좋은 시골이야말로 그의 건강을 지켜줄 것이라는 생각을 했던 것 같다. 마침내 루소는 그곳에서 읽기 위한 책을 몇 권 구입한 뒤 떠났다. 그의 선택은 옳았다.

눈이 막 녹기 시작하자 우리는 감옥 같은 집을 떠나 나이팅게일의 첫 노랫소리를 들을 정도로 아주 일찌감치 샤르메트계곡으로 갔다. 그때부터 나는 이제 죽지 않을 것이라고 생각했고, 실제로 시골에서는 신기하게도 결코 중병을 앓은 적이 없다. 시골에서 고생은 많이 했지만 결코 몸져누운 적은 없었다. 보통 때보다 병이 심하다고 느껴지면 나는 곧잘 이런 말을 하곤 했다 "내가 곧 죽을 것같이 보이거든 나를 떡갈나무 그늘 아래로 옮겨다 주시오. 그러면 틀림없이 곧 병에서 회복될 것입니다." 나는 힘이 없긴 했지만 다시 내가 좋아하는 농사일을 시작했다.

· 『고백』

훗날, 『고백』에서 루소는 그 아름다운 계곡에서 보냈던 행복한 시절을 그의 동작 하나하나, 생각 하나하나, 심지어 숨 쉬는 것까지도 행복했다고 회고한다. 그가 행복을 느끼는지 행복이 그를 느끼는지 알지 못할 정도였다. 그의 말대로, 그는 "천국에서 되살아났다."

해가 뜨면 일어났고 행복했다. 산책을 했고 행복했다. 엄마를 보고 행복했다. 엄마를 떠나기도 했다. 그래도 행복했다. 숲과 언덕을 쏘다녔다. 계곡을 헤매고 다녔다. 책을 읽었고, 하는 일 없이 있기도 했다. 정원에서 일을 하고 과일을 땄으며 집안일을 도왔다. 내가 어디에 있든지 행복이 나를 따라왔다. 행복은 규정할 수 있는 어떤 것이 아니었다. 행복은 완전히 내 안에 있었다. 행복은 단 한순간도 나를 떠나지 않았다.
·『고백』

루소는 행복하기만 했던 샤르메트계곡에서의 하루에 대해 자세히 묘사하고 있지만, 그에게는 무엇보다 아침이 행복했다. 그는 "소유하기에는 너무나 사랑했던" 한 여자의 품속에서 깨어나 꿈인지 생시인지 분간하지 못했던 아침을 이렇게 회고한다.

나는 매일 아침 해 뜨기 전에 일어났다. 그리고 근처에 있는 과수원을 지나 포도밭 위쪽으로 나서 언덕을 따라 샹베리까지 이어지는 아주 멋진 길을 올라갔다. 그곳에서 나는 산책을 하며 기도를 했는데, 그 기도는 입으로 하는 헛된 중얼거림이 아니라 눈 아래 아름답게 펼쳐져 있는 사랑스러운 자연의 창조주를 향해 진심으로 마음을 고양하는 것이었다. 나는 방에서 기도하는 것을 결코 좋아하지 않았다. 벽과 인간이 만든 온갖 잡다한 물건들이 신과 나 사이에 개입하는 것 같았기 때문이다. 나는 내 마음이 신을 향해 고양되는 동안 신이 만든 작품 속에서 그를 바라보는 것을 좋아한다.

내 기도는 순수했다고 말할 수 있는데, 그렇기 때문에 그 기도는 이루어질 만했다. 나는 나 자신을 위해, 내 소원에서 결코 나와 따로 떼어놓을 수 없는 엄마를 위해, 오직 죄악과 고통과 참기 힘든 곤궁이 없는 순수하고 평온한 삶과 정의로운 사람들의 죽음과 앞으로 다가올 그들의 운명만을 위해 간구했다. ……산책길을 크게 돌다 보면 유일하게 눈과 마음이 결코 싫증나지 않는 나를 둘러싼 시골풍경을 흥미롭고 기분 좋게 바라보는 데 온통 마음을 사로잡히곤 했다. 나는 멀리서 집에 있는 엄마가 일어났는지 바라보았다. 엄마의 집 덧문이 열려 있는 것이 보이면 전율하는 기쁨을 느끼며 그곳으로 뛰어갔다. 덧문이 닫혀 있는 것이 보이면 정원으로 가서 엄마가 잠에서 깨기를 기다리며 전날 공부한 것을 복습하거나 정원 가꾸는 것을 즐겼다. 그러다가 마침내 덧문이 열리면 침대로 가서 엄마에게 입을 맞추었는데, 엄마는 때때로 잠이 덜 깬 상태였다. 이처럼 순수하고 다정한 포옹은 엄마의 순수함 자체에서 관능적 쾌락과는 결코 결부되지 않는 어떤 매력

▲ 루소와 바랑 부인이 함께 살았던 노에래 집.
▼ 루소가 산책을 하고 풍경을 즐겼던 샹베리 샤르메트.

을 이끌었다.

·『고백』

## 바랑 부인과의 행복한 동거

감수성이 풍부한 청년 루소에게 바랑 부인은 모성애 짙고 보호자 같은 여인이었다. 마치 어머니의 사랑을 받지 못했던 발자크<sup>Honoré de Balzac, 1799~1850</sup>에게 어머니이자 누나며 애인이자 선생이기도 했던 베르니<sup>Berny</sup> 부인처럼 말이다. 루소는 죽기 일 년 전에 쓴『고독한 산책자의 몽상』<sup>Rêveries du Promeneur solitaire</sup> 속 미완의「열 번째 산책」에서도 청춘기에 그의 운명을 바꾸어놓았으며 훗날 그의 성공에 지대한 도움을 준 바랑 부인과의 만남과 달콤했던 사랑, 그리고 그리움을 다음과 같이 회상한다.

오늘은 꽃 피는 부활절.<sup>1778년 4월 12일</sup> 정확히 50년 전 나는 바랑 부인을 처음 만났다. 이 세기가 시작되던 해에 태어난 그녀는 당시 28세였다. 나는 겨우 16세였는데, 지금도 내가 잘 모르는 나의 천성은 당연히 생명력 넘치는 내 가슴에 새로운 열정을 부추겼다. 그녀가 생기 넘치고 친절하며 겸손한데다 꽤 상냥한 한 젊은이<sup>루소 자신을 가리킨다</sup>에게 호의를 가졌던 것은 그리 놀랄 만한 일이 아니었으며, 재기와 친절로 가득 찬 한 매력적인 여인이 고맙게도—내가 정확히 어떤 감정인지 구별하지 못했던—아주 다정한 감정으로 내게 영감을 불어넣어 주었던 것 또한 그리 놀랄 만한 일은 아니었다.

어쨌든 흔히 있을 수 없는 일로 그 첫 만남이 벗어날 수 없는 사슬이 되어 내 남은 삶의 운명을 결정지어 버린 것만은 사실이다. 아주 소중한 능력을 계발하지 못한 내 영혼은 여전히 어떤 결정적인 형태도 형성하지 못하고 있었다. 영혼은 애타게 자신에게 그 형태를 부여해줄 순간을 기다리고 있었지만—그 운명적인 만남으로 촉진되었다—그 순간은 그렇게 빨리 오지 않았다. 교육이 내게 부여한 소박한 품성을 지니고 살던 나는 사랑과 순결함으로 가득 차 있는 내 가슴에 감미롭지만 짧았던 그 상태가 오랫동안 지속되는 것을 느꼈다.

그녀는 나를 멀리 했다. 하지만 모든 것이 나를 그녀에게 되돌아오도록 부추겼기에 나는 돌아와야 했다. 그렇게 그녀에게 돌아온 일1729년 6월, 이탈리아 토리노에서 일 년여 방랑하다 그녀가 살고 있는 안시로 돌아온 일을 말한다은 내 운명을 결정해버렸다. 그녀를 소유하기 훨씬 오래전부터 나는 오직 그녀 안에서, 그녀를 위해서만 살았다. 아! 그녀가 내 마음을 가득 채워주었듯이 나 또한 그녀의 마음을 가득 채워주었으면 좋으련만! 우리는 얼마나 평화롭고 달콤한 날들을 보냈던가! 그렇게 수많은 날을 보냈건만 그날들은 쏜살같이 지나가버렸으며, 어떤 운명이 그 뒤를 이었던가!

내가 순수하게, 그리고 방해를 받지 않고 전적으로 나 자신이었으며, 내가 삶을 살았다고 진정으로 말할 수 있는 내 인생의 그 유일하고 짧았던 시기를 나는 기쁨과 감동어린 마음으로 회상해보지 않은 날은 단 하루도 없다.

……짧았지만 소중한 그 순간이 없었다면 나는 아마 나 자신에 대해 확신을 갖지 못했을 것이다. 왜냐하면 파란만장한 내 삶 속에서 나는 타인들의 편견에 너무 흔들리거나 괴롭힘 당함으로써 무기력해져서 내 행동 속에서 진정한 나의 것을 분별하기가 힘들었을 것이기 때문이다. 그만큼 가혹한 고난이 끊임없이 나를 괴롭혔다. 그러나 친절과 온정이 넘쳐나는 한 여인에게 사랑받았던 그 짧은 몇 년 동안 나는 내가 하고 싶은 일을 했으며, 내가 원하던 모습의 인간으로 살았다. 뿐만 아니라 그녀의 가르침과 본을 받아 여가를 이용해서 아직 소박하고 깨끗한 내 영혼에 더 적합하고 이후 그 영혼이 끊임없이 간직했던 형태를 부여할 수 있었다.

……계곡의 비탈에 있는 외딴 집 한 채<sup>샤르메트계곡에서 빌린 집</sup>는 우리의 은거지였다. 사오 년 동안<sup>1735~40</sup> 내가 일세기 동안 삶을 향유했을 뿐 아니라 내 현재 운명의 온갖 끔찍한 것들을 어떤 마력으로 감싸주는 순수하고 충만한 행복을 향유했던 순간은 바로 그때였다.

나는 내 마음이 진심으로 원하는 여자 친구가 필요했다. 나는 그 여자 친구를 소유했다. 나는 전원에서 살기를 원했었다. 나는 그곳에서 살았다. 나는 예속을 견딜 수 없었다. 나는 완전히 자유롭게 살았다. 아니, 그 이상이었다. 왜냐하면 내가 애착을 가지는 것들에만 예속된 나는 내가 하고 싶은 일만 했기 때문이다.[3]

·『고독한 산책자의 몽상』

바랑 부인은 섬세한 감수성을 지닌 열세 살 연하의 루소에게 15년에 가까운 세월 동안 사랑과 애정을 바치게 함으로써 그의 '감정 교육'에 훌륭한 안내자가 되어주었다. 또한 아름다운 샤르메트계곡에서 동거함으로써 자연의 품속에서 독서에 열중할 수 있는 '은총'을 부여해주었다. 그녀는 그에게 매혹적인 자연 속에서 이상주의적인 사랑을 맛보게 함으로써 『신엘로이즈』*Julie, ou la nouvelle Héloïse*를 필두로 감정을 솔직하게 토로하는 문학적 상상력에 큰 영향을 미쳤다. 나아가 그녀의 사랑과 도움은 루소가 조용하고 아름다운 계곡에서 5년여 동안 독서에 전념할 수 있게 해줌으로써 훗날 절대왕정의 붕괴와 민주주의의 토대가 되는 이론이 담긴 고전을 집필하는 데 중요한 밑거름이 되었다.

---

3  『나』, 김중현 옮김, 『고독한 산책자의 몽상』, 한길사, 2007. 이후의 『고독한 산책자의 몽상』의 인용은 이 번역본에 기초했다.

## 3 레르미타주에서


### 볼테르의 비판

1756년 4월 9일 나는 도시를 떠났고 더 이상 그곳에서 살지 않았다. ……내가 도착하던 그날 밤 처음 들은 밤꾀꼬리의 노랫소리가 인상적이었다. 그 소리는 집 가까이에 있는 숲속에서 들렸다. 나는 선잠을 자고 난 뒤 잠에서 깨어 이사를 했다는 것을 잊고는 아직도 그르넬 거리에 있다고 생각했다. 나는 새가 지저귀는 소리에 소스라치게 놀라 흥분하여 소리쳤다. "마침내 내 소원이 이루어졌어!" 내 첫 번째 관심은 나를 둘러싸고 있는 시골 풍경에서 받은 인상에 완전히 빠져드는 일이었다. 나는 집 안을 정리하는 대신 산책을 나갈 채비를 시작했다. 다음 날에는 내가 둘러보지 못한 오솔길, 수풀, 작은 숲, 집 주위의 구석진 곳이 하나도 없을 정도였다. 나는 이 매력적인 은신처를 살펴볼수록 더욱더 이곳이 나를 위해 만들어졌다고 생각하게 되었다.

·『고백』

44세 때인 1756년에 루소는 후원자이자 친구인 데피네 부인<sup>Mme</sup> d'Epinay이 시골에 마련해준 작은 은신처로 이사했다. 사람들은 이 은신처를 레르미타주<sup>L'Ermitage</sup>라고 불렀다. 파리 북동쪽 몽모랑시 근처에 있는 데피네 부인의 영지 라 슈브레트<sup>La Chevrette</sup>성의 정원 안에 자리 잡은 레르미타주는 작은 오두막으로, 이전의 황폐했던 모습을 벗고 말끔하게 단장돼 있었으며 아담한 채소밭이 딸려 있었다. 루소는 데피네 부인의 초대로 처음 라 슈브레트성을 방문했을 때부터 한적한 그곳을 마음에 들어 했다. 그는 조국인 제네바로 돌아가 살려는 생각을 깨끗이 접고 이 숲속 은신처에 머물게 되었다.

루소는 1753년 디종 아카데미가 내건 '인간들 사이 불평등의 기원은 무엇이며, 불평등은 자연법에 의해 허용되는가?'라는 제목의 논문 현상 공모에 응모한다. 그는 이미 3년 전 '학문과 예술의 진보는 풍속의 순화에 기여했는가'라는 주제의 디종 아카데미 공모에서 일등상을 수상했다. 하지만 이번에는 낙선하고 말았다. 사유재산제도가 인간 사이에 불평등을 초래했으며, 기존의 법과 정치제도는 모두 그 사유재산을 보호하도록 만들어진 것이므로 변혁이 이루어져야 한다는 논리를 전개함으로써 너무 급진적으로 절대왕정을 턱밑에서 비판하고 있었기 때문이다. 루소는 자신의 그 낙선작을 2년 뒤인 1755년 4월 『인간 불평등 기원론』*Discours sur l'origine et les Fondements de l'inégalité parmi les hommes*이라는 제목으로 출간했다.

하지만 인류학이자 인간학이며 정치·사회 사상사이기도 한 이 작품을 이해하는 독자는 거의 없었고, 대중은 호의적이지 않았다. 같은 세기에 루소 못지않게 유명했던 계몽주의 사상가 볼테르 Voltaire, 1694~1778는 이 작품을 읽으면서 불쾌감을 감추지 못했다. 사교계에서도 명성을 날리던 도시 취향의 그로서는 시골 취향인 루소의 '자연 상태'의 삶과 '미개인'에 대한 옹호와 열광이 거슬렸다. 그리하여 볼테르는 루소가 직접 보낸 그 책을 읽은 뒤 "인류에 반하는 당신의 신간을 고맙게 잘 받았습니다"라고 비꼬는 내용의 답장을 보내는가 하면, "네 발로 기고 싶은 충동"을 불러일으키는 책이라고 말하기도 했으며, "부자들이 가난한 자들에게 약탈당하는 것을 보고 싶어 하는 거지의 철학"[4]이라고 노골적으로 비판하기도 했다. 볼테르가 그렇게 비판한 이유는 루소와는 달리 그가 고향에 많은 토지를 소유하고 있었기 때문이기도 하다.

바로 그 투사적인 계몽사상가 볼테르는 당시 제네바 근교 페르네에 자리 잡고 있었다. 루소는 '희열의 집'Les Délices이라고 이름 붙인 집에서 살고 있던 볼테르, 즉 "거만하고 부유하며 권력자의 신임을 받고 재치가 넘치는 달변에 이미 여자들과 젊은이들의 우상이 된 사람을 상대"『고백』할 용기가 나지 않았다. 가는 곳마다 핍박으로 쫓겨나야 했던 '힘없는 자' 루소와는 달리, 볼테르는 프랑스의 대표적인 계몽사상가로 당시에 이미 대단한 명성과 영향력을 누리고 있었다. 결국 루소는 그의 고향 제네바로 돌아가는 일을 접고 레르미타주로 이사를 했다.

---

4   부소, 김중현 옮김, 『인간 불평등 기원론』, 펭귄 클래식 코리아, 2010, 15, 16쪽. 이후의 『인간 불평등 기원론』의 인용은 이 번역에 기초했다.

프랑스의 계몽주의 작가 볼테르.
『인간 불평등 기원론』에 담긴 루소의 이념을
비판했다.

## 레르미타주에서 비애를 느끼다

젊은 시절 연인이자 후원자였던 바랑 부인과 함께 그토록 행복했던 샤르메트계곡을 늘 그리워했고, 마치 "천성이 시골에서 은둔하여 살게 태어났다고 느껴"<sup></sup><sup>『고백』</sup> 본의 아니게 사교계에 들어간 뒤로 푸른 숲과 흐르는 시냇물, 고독, 그 고독 속에서의 산책을 꿈꾸어왔던 만큼 레르미타주는 루소의 취향에 너무나 잘 맞는 곳이었다.

그러나 시간이 흐르면서 이 거처에서 누리는 자유가 편하지만은 않게 되었다. 데피네 부인이 갈수록 너무 자주 루소를 찾아와 "부드러운 독재로 긴 대화를 강요하곤"[5] 했던 것이다. 루소에게 긴 대화를 강요했던 사람은 데피네 부인뿐만이 아니었다. 몽모랑시는 파리에서 16킬로미터 정도 떨어진 곳이었지만, 시간을 어떻게 보내야 할지 모르는 사람들이 자주 레르미타주로 몰려들어 그의 시간과 마음의 평정을 빼앗았다. 루소에게는 그것이 훨씬 더 귀찮았다. 루소는 『고백』에서 이때의 복잡한 심경을 다음과 같이 털어놓는다.

요컨대 나는 가장 갈망하던 행복의 한가운데서도 순수한 즐거움을 전혀 맛보지 못했기에 문득 내 젊은 시절의 평온한 나날들로 되돌아가곤 했다. 나는 이따금 한숨지으며 이렇게 소리쳤다. "아! 여기도 아직 샤르메트가 아니구나!" 나는 내 일생 동안의 여러 시간을 회상하다가, 내가 다다른 처지까지 심사숙고해보게 되었는데 이미 쇠락의 나이에 접어든 나를 발견하게 되었다. 고통스러운 불행에 시달리면서 내 인생의 마지막에 왔다고 생각하는 나

5   세노르느 홀름스텐, 한미희 옮김, 『루소』, 한길사, 1997, 121쪽.

를 발견한 것이다. 내 마음이 갈망하던 어떤 즐거움도 마음껏 맛보지도 못하고, 내가 마음속에 쌓아둔 강렬한 감정을 발휘하지도 못하고, 내 영혼 속에서 은밀히 느낀 황홀한 그 쾌락을 만끽하지도 못하고 하물며 살짝 건드려보지도 못한 채 말이다. 그 쾌락은 대상이 없으니 내 한숨을 통해 발산될 수 있을 뿐 내 마음속에 항상 억제되어 있었다.

천성적으로 다정다감한 영혼을 지니고 있고, 산다는 것은 곧 사랑한다는 것이라고 생각하고 있던 내가 어떻게 지금까지 완전한 친구, 진정한 친구를 발견하지 못했을까? 나는 진정한 친구가 되기 위해 태어났음을 분명하게 느끼고 있는데 말이다. 그토록 타오르기 쉬운 관능과 사랑이 넘치는 마음을 지니고 있는 내가 어떻게 확실한 연인을 향하여 단 한 번도 열정을 불태우지 못한 것일까? 나는 사랑하고자 하는 욕망에 사로잡혀 있었으면서도 결코 그것을 제대로 충족시킬 수 없었다. 그런 내가 노년의 문턱에 이르러 제대로 살아보지도 못하고 죽어가고 있는 내 모습을 보았던 것이다.

·『고백』


레르미타주에서 보낸 첫 여름에 루소는 이런 비애를 느끼며 작업보다는 몽상과 성찰, 사색에 더 끌렸으며, 자주 찾아와 귀찮게 하는 사람들을 피해 자연의 고독 속에서 명상에 잠기곤 했다. 가장 아름다운 계절인 6월의 어느 날에도 루소는 숲속에 들어가 새소리와 흐르는 시냇물 소리를 들으며 명상에 잠겨 있었다. 그는 지난날 자신의 삶에 등장했었던 여러 여성에 대한 추억과 그동안 억눌려 있던 여성에 대한 그리움이 한꺼번에 밀려들면서 그의 환상과 감각이 되살아났다.

또 다른 추억들이 떠올랐다. 얼마 되지 않아 젊은 시절 내 가슴을 울렁거리게 만들었던 사랑하는 여인들이 모두 내 주위에 모여 있는 것이 보였다. 갈레 양, 그라펜리드 양, 브레유 양, 바질 부인, 라르나주 부인, 내 예쁜 여자 제자들, 내 마음에서 잊힐 수 없는 요염한 쥘리에타까지 나타났다. 나는 천상의 미녀들이 사는 궁전에 있는 것 같았다. 나는 그녀들을 오래전부터 알고 있었다. 그녀들에 대한 나의 더할 나위 없는 열렬한 애정은 새로운 감정이 아니었다. 내 피는 끓어올라 부글거렸고, 머리는 팽 돌아버렸다. 머리카락은 이미 백발이 되었는데도 말이다. 이리하여 제네바의 근엄한 시민이자 45세 가까이 된 엄격한 장자크가 터무니없이 사랑에 넋이 나간 목동이 되어버린 것이다.

· 『고백』

### 『신엘로이즈』의 탄생

루소를 사로잡은 이 갑작스러운 도취 상태는 매우 강력하고 지속적이었지만, 그로 인해 루소가 자신의 나이나 처지를 망각한 것은 아니었다. 루소는 단 한 번도 한 여인에게 사랑을 불태워보지 못했지만, 45세가 다 된 늙은이로서 이미 사랑할 때가 지났다는 것을 알고 있었기에, 자신이 사랑을 할 수 있다는 헛된 기대조차 품지 않았다. 그는 "연애에 빠질 시기는 지났다는 것. ……나이 든 바람둥이가 사랑에 빠진다는 것은 우스꽝스러운 일이라는 것을 너무나 잘 알고"『고백』있었고, 한창때에도 자신을 별로 대단하게 생각해본 적이 없는데다가 자신감조차 없었던 자신이 만년에 사랑에 빠질 리 없다고 생각한 것이다. 더욱이 평화롭게 살고자하는 그로서는, 비록 열기가 많이 식기는 했지만 다른 여인을 사랑함으로써 그를 사랑하며 10여 년 동안 곁에 있어준 테레즈$^{Thérèse Le Vasseur}$와의 관계를 회오리 속으로 몰아넣는 것이 두렵기도 했다.

이처럼 현실이 발목을 잡을 때 사람들은 대체로 '몽상 세계의 구축'을 추구한다. 루소도 그 방편을 택하지 않을 수 없었다.

이 순간 나는 어떻게 했을까? ……나는 현실의 존재에 도달하는 것이 불가능했으므로 몽상 세계로 뛰어들었다. 나는 내 몽상에 걸맞은 존재를 현실에서 찾지 못했기 때문에 그것을 이상적인 세계에서 키워나갔다. 나는 곧 창조적 상상력으로 그 이상적인 세계를 내 마음에 드는 존재들로 가득 채웠다. 이런 수단이 그때보다 더 시의적절하고, 그때보다 더 풍부한 결실을 맺은 적이 없었다. 나는 지속적인 도취 속에서 일찍이 인간의 마음속에 싹텄던 가장 감미로운 감정에 원 없이 취했다. 나는 인간이란 종족을 완전히 잊은 채, 자신들의 아름다움만큼이나 자신들의 미덕으로써

도 천상계에 속하는 완벽한 피조물들과 사귀었고, 내가 이 세상에서는 결코 만나지 못한 그런 믿음직하고 다정하고 충실한 친구들과 교제했다. 나는 천상의 세계에서 나를 둘러싸고 있는 이 매력적인 대상 사이를 날아다니는 데 상당한 재미를 붙여 세월이 가는 줄도 몰랐다. 나는 다른 모든 일에 대한 기억은 잊어버리고, 서둘러 빵 한 조각을 먹자마자 내 숲을 다시 찾아 뛰어가려고 안절부절못하며 자리를 박차고 나왔다.

·『고백』

이상야릇한 사랑의 병을 앓는 가운데 루소의 상상력이 발동했다. 그는 이 세상에서 발견할 수 있는 온갖 종류의 사랑스러운 것을 아주 섬세하게 표현했고, 그 정수는 그가 포기한 공상 세계만큼이나 환상적이었다. 그 "천상 세계의 존재들은 인간이 되어 내려왔다. 그들은 천상에서 지상의 아주 명확한 한 장소, 즉 레만 호숫가로 살러 내려왔던 것이다."『고백』 이렇게 해서 그의 작품 『신엘로이즈』의 인물과 그 인물들이 살게 될 배경을 포함한 줄거리가 막연하게나마 그의 머릿속에 그려지기 시작했다.

루소가 레르미타주에서 구상하고 부분적으로 집필한 『신엘로이즈』는 출간되자마자 이례적인 성공을 거두었다. 알프스 산기슭의 예쁜 마을에 사는 두 연인 사이의 편지에 담긴 순수한 정신적 사랑을 통해 이성에 억눌려 있던 당시 프랑스인들의 감수성에 불을 당기고, 인간의 영혼 속에 잠재한 전원에서의 행복과 이상적인 연애에 대한 욕망을 대리 충족시켜주었기 때문이다.

『신엘로이즈』의 성공은 작품 자체에 그치지 않았다. 작품 속 알프스에 대한 묘사를 통해 독자들은 스위스의 아름다움과 매력을 느꼈고 알프스 등반과 관광여행이 활발하게 이루어졌다. 『스위스의 역사』를 쓴 바르트부르크Walther von Wartburg, 1885~1971는 『신엘로이즈』가 스위스의 '광고'에 기여한 바에 대해 이렇게 단언했다. "스위스의 산을 열광의 대상으로 만드는 데 루소만큼 큰 공헌을 한 사람은 없다. 당시 스위스를 여행하는 사람들의 주머니에는 여행안내 책자가 아니라 루소의 소설 『신엘로이즈』가 들어 있었다. 그는 그 시대의 후반기를 가득 채웠던 '자연으로 돌아가라'는 구호를 처음 외쳤던 사람이다. 스위스는 스위스 출신 작가들 덕분에 유럽의 여행지가 되었다."홀름스텐, 『루소』

## 전원생활과 가난

루소가 레르미타주로 떠나올 때 무신론과 유물론의 대표적 인물들인 디드로Denis Diderot, 1713~84와 돌바크Paul Henri Dietrich d'Holbach, 1723~89 그리고 파리사교계의 사람들은 공공연하게 야유를 퍼부었다. 어떤 이들은 그가 "도시의 즐거움과 아첨에 익숙해 있어서 그처럼 적막한 곳에서 2주도 견디지 못할 것"이라고 했다. 또 어떤 이들은 그가 "고독한 생활을 석 달도 못 견디고 얼마 안 가서 돌아올 것이며 창피하게 자신들처럼 파리에서 살게 될 것"『고백』이라 했다. 루소의 15년 지기 친구 디드로는 자신의 작품 『사생아』Le Fils naturel에

『신엘로이즈』의 삽화.
『신엘로이즈』의 주인공 쥘리와 생프뢰가 사랑을 나누고 있다

서 은둔을 좋아하는 루소를 겨냥해 "혼자 있는 사람은 오로지 악인 뿐이다"라고 악담을 퍼부었다. 루소로서는 마음의 상처가 이만저만이 아니었다. 그 악담에 대해 루소는 "모든 악의의 원칙인 이기심은 사회 안에서 활발하게 살아나고 증가한다. 사회가 이기심을 생겨나게 했고, 사회 안에서는 사람들이 매순간 서로를 비교할 수밖에 없다. 고독 속에서 이기심은 양분이 없어 활기를 잃고 죽게 된다. 누구든 자기 자신만으로 충분한 사람은 어느 누구에게도 해를 끼치지 않는다"[6] 라고 반박한다. 그러나 루소는 당시 디드로의 배신을 공공연하게 비판하며, 결국 그와 결별했다. 어쨌든 루소로서는 "식도락과 화려한 볼거리 속에 빠진 채 허영심에 도취되어 있는"『고백』 파리 사교계를 떠나 전원생활의 행복한 여유를 찾으려는 목적밖에 없었기에 빗발치듯 쏟아지는 야유를 뒤로 하고 전원으로 돌아왔다. 그의 말대로, 그는 "다른 곳에서는 행복하게 살 수 없었다."『고백』

그런데 농사만으로 먹고사는 것을 해결하지 못하거나 모아놓은 돈이 많지 않을 경우 전원생활은 그렇게 쉬운 일이 아니다. 루소 같은 사람은 더욱더 그랬을 것이다. 데피네 부인이 작은 오두막을 예쁘게 꾸며주었지만 집세는 당연히 꼬박꼬박 지불하고 살아야 했기 때문이다. 루소는 전원생활과 경제적인 문제에 대해 다음과 같이 말하는데, '모든 것은 마음이 지어낸다'[一切唯心造]는 평범한 진리를 떠오르게 한다.

예전에는 그런 생활전원생활을 해나가려면 형편이 웬만큼 넉넉해

---

6  루소, 진인혜 옮김, 『루소, 장 자크를 심판하다―대화』, 책세상, 2012, 173쪽.

야 한다고 생각했지만 그럴 형편이 안 되는 나는 내가 처한 특수한 상황에서 그런 여유 없이도 지낼 수 있다고 생각했다. ……나는 검소했고 돈이 많이 들고 남의 눈치를 봐야 하는 생활은 이미 벗어 던져버렸다. ……내가 악보를 필사하는 일은 빛나는 일도 대단한 돈벌이도 아니지만 확실한 일자리였다. 세상 사람들도 내가 그런 직업을 택한 용기를 좋게 생각했다. 나는 일거리가 떨어지지 않을 것이라 기대했고 일만 열심히 하면 충분히 먹고살 수 있었다. ……결국 나는 내가 필요하고 바라는 만큼의 수입으로 타고난 기질에 맞는 행복하고 한결같은 삶을 온전히 살 수 있었다.

·『고백』

## 4 비엔호수에서

### 루소를 향한 탄압

루소가 손가락질을 받으며 탄압받기 시작한 것은 대략 1762년부터였다. 그해에 출간된 두 저서 『사회계약론』*Du Contrat Social*과 『에밀』이 사회·종교적으로 큰 파문을 불러일으켰기 때문이다.

인간은 태어날 때는 자유로웠는데, 어디서나 노예가 되어 있다.
자신을 다른 사람들의 주인으로 생각하는 자들은 기실 그들보다
훨씬 더 노예가 되어 있다.[7]
· 『사회계약론』

이렇게 포문을 연 그의 『사회계약론』은 7년 전에 출판한 『인간불평등 기원론』과 역사와 정치 분야에 대한 미완성 작인 '정치제도'에서의 주장을 발전시킨 것이었다.

1753년 인간불평등 기원에 관한 디종 아카데미의 논문 공모에서 낙선한 루소는 이듬해 제네바에 머물며 '정치제도'를 집필하기 시

7 『J.J. 립통년 옮김, 『사회계약론』, 펭귄 클래식 코리아, 2010, 34쪽.

작했다. 그는 그 글에서 어차피 인간이 생존하기 위해서는 정치체제, 즉 국가라는 것이 필요한데 그 정치체제의 통일을 유지하고 올바르게 정치를 하기 위해서는 언제나 전체<sup>국가</sup>와 부분<sup>개인</sup>의 보존과 행복을 지향할 뿐 아니라, 법률의 원천이 되는 '일반의지'라는 기준이 필요하다고 주장한다. 따라서 이 '정치제도'의 여러 단편 가운데 중요한 것만을 발췌하여 출간한 『사회계약론』에서는 어떻게 하면 그 일반의지가 관철되는 국가를 만들고, 또 자연 상태에서 처음부터 지니고 있던 자유와 평등을 확보할 수 있느냐는 문제를 추구한다. 루소는 그렇게 하기 위해서는 공동체를 이루는 각 개인이 이전에 가지고 있던 권리를 공동체 전체에 모두 양도함으로써 신체와 재산을 보호할 수 있는 사회계약이라는 것을 맺을 필요가 있다고 주장한다.

이어 그는 기존의 모든 특권을 포기하고 사람들이 대등한 처지에서 형성한 새로운 국가를 '일반의지'라는 최고의지<sup>주권</sup>의 지도하에 두라는 주장을 편다. 그 주권은 당연히 양도할 수도, 분할할 수도 없다. 그처럼 시민들 각자는 국가와 일반의지를 형성하는 주체이므로, 그의 사회계약론은 인민주권론과 법의 지배라는 민주주의 토대를 완성하는 양대 원리를 이룬다. 그 사상은 인민주권을 기반으로 한 민주주의 정치이론으로써 근대 정치사상에 큰 영향을 미쳤다. 또한 프랑스 혁명기의 인권 선언<sup>인간과 시민의 권리에 관한 선언</sup>에 이론적인 기반을 제공했던 것이기에 특권 계층에게는 중대한 반란이자 경종을 울리는 일이 아닐 수 없었다.

## 불태워진 『에밀』

　같은 해 5월, 예수회의 끈질긴 방해 공작에도 4개월 전 이미 암스테르담에서 인쇄에 들어갔던 『에밀』이 프랑스에서 몰래 판매되기 시작했다. 『에밀』은 루소가 자신의 작품들 가운데에서 가장 중요하게 여긴 작품이었다. 총 5부로 구성된 이 책은 에밀이라는 고아가 이상적인 가정교사의 주도면밀한 계획에 기초한 교육을 통해 출생부터 결혼까지 성장해가는 과정을 교양소설 형식으로 쓴 작품이다.

　당시 『에밀』의 급진적인 교육이론이 귀족들의 반감을 사기도 했지만, 더 문제가 된 것은 이 책 제4부 「사부아 보좌신부의 신앙고백」이었다. 사부아 지방의 자유로운 사고방식을 지닌 한 보좌신부는 18세의 에밀에게 자신이 내면적 성찰과 세상의 조화로운 모습 속에서 어떻게 신의 실재에 대한 통찰과 자유 개념 그리고 도덕적 진실의 의미를 파악했는지 고백한다. 그것은 자연의 조화와 아름다움에 기초한 도덕과 종교론으로 일종의 이신론理神論이어서, 당시의 기독교도들을 크게 격앙시켰다. 신은 인정하지만 만물의 창조자이자 주관자로서의 신은 인정하지 않는, 또한 인간생활에 직접 관계하는 섭리와 은총, 기적, 계시 또한 인정하지 않는 그 이신론은 당연히 정통 유신론자들의 큰 분노를 살 수밖에 없었다.

　그해 6월, 소르본 대학에서는 『에밀』을 비난하는 성명을 발표했고 국회는 그 책을 압수해 불태울 것을 경찰에 명령함과 동시에 루소에 대해 구속영장 발부를 명령했다. 그날이 바로 그에 대한 박해가 시작된 운명의 날이었다. 그날 오후 그는 친절하고 고마운 뤽상부르

원수가 제공해준 몽모랑시의 아름답고 쾌적한 거처의 정원 뒷문으로 황망히 피신해야 했다. 경찰이 그를 뒤쫓고 있었기 때문이다. 공작인 뤽상부르 원수는 루소의 후원자이자 친구이기도 했다. 그가 루소에게 머물도록 제공했던 이 거처, 즉 몽모랑시의 작은 성은 "너른 들판에 펼쳐져 있는 오렌지 나무 정원과 작은 숲과 나무들로 잘 꾸며진 작은 언덕으로 둘러싸인 정원의 연못 사이"『고백』에 위치한 아름다운 건물이었다. 루소는 그곳에서 『에밀』의 제5부를 집필했는데, 바로 그 저서 때문에 그곳을 떠나야 하는 아이러니를 맛보았다.

나는 이 깊고 감미로운 고독 속에서 숲과 물에 둘러싸여 온갖 새가 지저귀는 소리를 듣고 오렌지 꽃향기를 맡으며 『에밀』의 제5부를 황홀 속에서 쉼 없이 써내려갔다. 이 책의 상당히 생기발랄한 색채의 상당 부분은 내가 글을 썼던 지방의 강렬한 인상에서 빌려왔다.

아침이면 해가 떠오르는 가운데 회랑의 향기로운 공기를 들이마시려고 얼마나 열심히 뛰어다녔는지 모른다! 테레즈와 그곳에서 단둘이 마시던 카페오레는 얼마나 맛있었는지! 고양이 한 마리와 개 한 마리가 우리와 함께 지냈다. 이런 동료들만으로도 평생 한 순간도 권태로움을 느끼지 않을 정도로 충분했다. 내가 있는 곳이 바로 지상낙원이었다. 나는 그곳에서 그만큼 순수하게 살았으며 낙원에서 지내는 것과 같은 행복을 맛보았다.

·『고백』

# ÉMILE,

## *ou*

# DE L'ÉDUCATION.

### *Par J. J. Rousseau,*
### *Citoyen de Genève.*

---

Sanabilibus ægrotamus malis ; ipfaque nos in rectum
genitos natura , fi emendari velimus , juvat.
*Sen. de irâ. L. II. c. 13.*

---

## TOME PREMIER.

## A LA HAYE,

### Chez JEAN NÉAULME, Libraire.

---

## M. DCC. LXII.

*Avec Privilége de Noffeign. les États de Hollande
& de Weftfrife.*

『에밀』의 초판 표지.

## 제네바 당국의 탄압

루소는 먼저 그의 고향 제네바로 피신하려 했다. 그러나 그 도시의 평의회도 이미 그에게 등을 돌리고 있었다.『에밀』과『사회계약론』에 대해 판매금지 조치를 내렸던 것이다. 그래서 뇌샤텔호수의 남동쪽에 위치한 이베르동의 친구 집을 찾았으나, 그곳에서도 오래 머무를 수 없었다. 경찰이 계속해서 그를 뒤쫓고 있었기 때문이다.

그곳을 떠난 루소는 다시 모티에로 숨어들 수밖에 없었다. 그곳은 스위스 뇌샤텔주의 한 마을로 트라베르계곡에 있었다. 쥐라산맥의 아름다운 트라베르계곡의 한 농가에 은거하면서 그는 잠시나마 마음의 안정을 되찾을 수 있었다. 하지만 파리에서는 여전히 그에 대한 비판이 가라앉을 줄 몰랐다. 파리 주교 보몽<sup>Christophe de Beaumont</sup>은 교서<sup>敎書</sup>를 발간해『에밀』을 공개적으로 비난했으며, 제네바의 자코브 베른 목사는『에밀』속의「사부아 보좌신부의 신앙고백」을 삭제할 것을 요구했다.

농가 뒤편으로는 푸른 숲이 우거지고, 왼편으로는 높은 산의 웅장한 기암절벽이 마치 성채처럼 농가를 둘러싸고 있다. 집 오른편으로는 듬성듬성 늘어선 나무담이 둘러쳐져 있으며, 그 담을 끼고 뒤편 오솔길이 숲으로 이어져 있다. 고요한 산촌의 정취가 물씬 풍기는 누추하지만 깔끔한 그 '로베르 농가'에서 루소는 보몽 주교에게 자신을 변호하는 편지『보몽에게 보내는 편지』<sup>Lettre à Christoph de Beaumont</sup>를 쓰는가 하면, 자신의 진심을 전하기 위해『고백』을 쓰기로 결심하고 그해 말부터 집필을 시작했다. 그 농가에 머무는 동안 그는『산에서 쓴 편지』_Lettres de la montagne_도 집필했지만, 이 또한 물의를 일으켜 후에 파리에서 불태워지고 말았다. 그의 체온이 느껴지는 것은 모두 그처럼 철저하게 박해의 대상이 되었다.

가상의 수신인에게 보내는 서간체 형식의 『산에서 쓴 편지』도 『에밀』과 『사회계약론』에 쏟아지는 비난을 반박하는 글이다. 루소는 자신의 조국인 제네바 당국도 탄압에 가담한 사실에 절망을 느꼈다.

내심 조국에 크게 공헌했다고 믿고 있었던 만큼 나는 더 견디기 힘든 모욕을 당했습니다. 내 행위가 용서를 필요로 하는 일이었다면 나는 마땅히 용서를 구했을 것입니다. 그런데 전례 없이 신속하게, 예고와 소환장, 검토나 조사 같은 것도 전혀 없이 그들은 서둘러 내 책들『에밀』『사회계약론』을 치욕스럽게 했습니다. 그들은 거기에 그치지 않았습니다. 내 불행과 고통, 처지 따위는 전혀 고려하지 않은 채 (내 책들에 대해서와) 마찬가지로 민첩하게 나에 대한 구속영장을 발부했습니다. 그들은 범죄자들에게나 사용하는 말을 서슴지 않았습니다. 그들은 관대하지 않았습니다.[8]

· 『학문과 예술에 대하여 외』

### 모티에 투석사건

모티에 농가에 머물던 1765년 9월 6일 저녁이었다. 그날은 모티에의 장날이었는데, 누구의 소행인지는 알 수 없지만 자정 무렵 그

---

8  루소, 김중현 옮김, 『학문과 예술에 대하여 외』, 한길사, 2007, 199쪽. 이후의 『학문과 예술에 대하여 외』에서의 인용은 이 번역본에 기초했다.

의 집 복도로 난 창문과 문을 향해 돌멩이들이 쏟아지듯 날아들었다. 야유의 함성과 함께 줄지에 그에게 돌 세례를 퍼부었던 것이다.

나는 요란한 소리에 잠에서 깼고 주방으로 가려고 침실을 나섰다. 그때 누군가 있는 힘껏 던진 돌이 창문을 깨고 주방을 통과해 방문으로 날아와서 내 침대 아래 떨어졌다. 만약 조금만 서둘렀다면 나는 가슴에 돌을 맞고 쓰러졌을 것이다. 나는 누군가 나를 끌어내려고 그 소리를 냈고 내가 나오면 나를 맞히려고 돌을 던진 것이라고 판단했다. 나는 주방으로 뛰어 내려갔다. 잠에서 깬 테레즈도 와들와들 떨면서 나에게 급히 달려왔다. 우리는 창문이 없는 벽 쪽으로 비켜, 날아드는 돌을 피해 있으면서 어떻게 해야 할지 고민했다. 왜냐하면 구조를 요청하러 나간다는 것은 맞아 죽으러 나가는 것과 다름없었기 때문이다.
·『고백』

이 사건은 피신 중인 루소에게 큰 충격을 주었다. 이것은 세상에서 멀리 떨어진 아주 깊은 계곡에까지 그를 증오하는 사람들이 생겼으며, 그의 은신처가 이미 외부에 알려졌음을 의미했다. 그는 두려워서 온몸을 떨었다. 앞으로 또 어떤 불상사가 일어날 것인가. 그럴수록 그의 마음은 더욱 공포의 흡혈귀들의 공략 대상이 되었다. 그는 그렇게 장막 뒤편에서 몰래 획책되는 그런 음흉한 짓을 증오했다. 꼬리에 꼬리를 물며 이어지는 우울한 추측과 끔찍한 상상은 정신착란을 일으킬 정도로 견딜 수 없는 불안을 야기하며 사람들을 겁먹게 하기 때문이다.

루소는 다시 피신을 해야 했다. 안전하다고 생각하며 위안을 얻었던 그 계곡의 농가는 이제 불안과 공포의 장소로 변해버렸기 때문이다. 그런데 그곳을 떠난다 해도 누가 어디서 그를 환대해줄 것인가. 며칠 전 방문한 베르들랭 부인이 흄<sup>David Hume, 1711~76</sup>을 만나러 가보라고 권유했지만, 이 또한 그리 쉬운 일은 아니었다. 3년 전 경찰의 추격을 따돌리고 이베르동의 친구 집에 잠시 피신해 있을 때 그는 당시 파리 주재 영국대사 비서관으로 있던 흄에게 지지와 격려 그리고 우정 어린 편지를 받았다. 그처럼 저명한 영국의 철학자가 자신을 지지하며 격려해주다니, 고마운 일이 아닐 수 없었다.

## 비엔호수에서의 평화로운 삶

아무튼 루소는 잠시나마 모티에를 떠나고 싶었다. 그래서 그는 아름다운 비엔호수 안에 있는 성 베드로섬으로 숨어들었다. 그는 두 달 전 쥐라산맥 아래쪽에 있는 그 호수에 약 열흘간 머물면서 대자연의 아름다움에 심취한 적이 있었다.

루소는 『고독한 산책자의 몽상』의 「다섯 번째 산책」에서 그 섬의 아름다운 풍경을 이렇게 묘사한다. 이 구절은 루소의 자연묘사의 백미이기도 하다.

내가 살았던 모든 거주지—물론 그중에는 멋진 곳도 있었다—

중에서 비엔호수 한가운데 있는 성 베드로섬만큼 진정한 행복을 준 곳도, 그토록 달콤한 그리움을 남긴 곳도 없다.

뇌샤텔 사람들이 라 모트섬이라 부르는 그 작은 섬은 스위스에서도 거의 알려지지 않았다. 내가 아는 바로는 그 섬에 대해 말한 여행객은 아무도 없다. 아주 쾌적한 그 섬은 칩거하기 좋아하는 사람이 만족할 수 있도록 독특하게 자리 잡고 있다. 내가 이런 말을 하는 이유는, 비록 내 운명이 이러하여 세상에서 혼자가 되었을지언정 그토록 자연에 대한 취향을 가진 사람—하지만 나는 지금까지 그런 취향을 가진 사람을 만나지 못했다—이 세상에 나밖에 없으리라고는 생각하지 않기 때문이다.

비엔호수는 제네바호수보다 더 야생적이며 낭만적이다. 바위들과 숲이 호수에 더 가깝게 인접해 있기 때문이다. 게다가 논밭과 포도밭, 마을과 집은 적을지라도 자연의 녹음과 목초지, 작은 숲의 그늘이 드리워진 은거지가 더 오밀조밀하고 친근한 구릉이 이어져 있어 매우 아름다웠다.

그러한 아름다운 호숫가는 마차를 탈 만한 넓은 길이 없기 때문에 여행객이 거의 찾지 않는다. 하지만 그곳은 한가로이 자연의 매력에 취하고 싶어 하고, 이따금 수리들이며 온갖 새의 울음소리, 산에서 떨어져 내리는 폭포 소리 말고는 아무 소리도 들리지 않는 정적 속에서 명상에 잠기기 좋아하는 고독한 명상가들의 관심을 끄는 곳이다.

거의 원형 그대로 보존된 아름다운 호수 안쪽에는 작은 섬이 두

개 있는데, 둘레가 2킬로미터쯤 되는 한 섬엔 사람이 살면서 경작을 하고 있다. 하지만 더 작은 다른 섬은 황량한 황무지로 남아 있는데, 파도와 폭풍우에 훼손된 곳들을 보수하기 위해 사람들이 끊임없이 흙을 파내 운반하고 있어서 언젠가는 사라지고 말 것이다. 약한 것은 강한 것의 이익을 위해 사용되는 법이니까.

·『고독한 산책자의 몽상』

이 아름다운 섬에 머물면서 그는 다시 골치 아픈 세상사를 깡그리 잊을 수 있었다. 루소가 모티에에서 음산한 공포를 느꼈던 투석 사건도 먼 옛일처럼 느껴졌다. 자연은 편치 못한 감정들과 영혼을 다독이는 변함없는 치료제였다. 그곳에서는 두 달도 체류하지 않았지만, 훗날 그는 이 시기를 자기 생애에서 가장 행복했던 순간으로 회상한다. 그 순간은 "외부와 차단된 고립된 섬이라는 행복의 낙원과 이곳에서의 고요한 삶은 이 반항적인 철학자가 되돌아가고 싶지 않은 부패한 세계, 그를 박해하고 위협하는 세계, 지난날의 고단한 삶과 대비됨으로써 더욱 큰 의미작용"[9]을 한다. 루소는 그곳에 있는 동안 너무 행복해서 그의 마음에는 단 한순간도 쓸데없는 생각이 떠오르지 않았다. 성스럽기까지 한 자연 속에서 유유자적의 망중한에 탐닉하는 사람의 감미롭고 소중한 몰입이 그와 같은 망각을 가져다주었다.

자연에 대한 그의 명상과 몰입은 감정의 비상을 불러일으킨다. 자연은 이제 인간의 이성적 분석 대상이 아니다. 그것은 인간과 마

---

9  김용건, 『나사와 나, 숨겨진 진실』, 연암서가, 2017, 187쪽.

찬가지로 살아 있어서 다양한 감정이 넘쳐흐르고 끊임없이 생성하고 유전하며, 아름다운 자연의 마력 덕분에 그는 모든 것을, 이를테면 자신까지도 망각한다. 그는 그렇게 자신이 어디 있는지조차 까마득히 잊은 채 전 존재를 자연 속에 온통 잠기게 함으로써 자연과 하나 됨을 경험하며, 몽상과 황홀경 속으로 빠져든다.

이처럼 18세기의 딱딱한 이성은 루소에 의해 차츰 부드럽고 인간적이며 개인적인 감정에 의해 누그러지기 시작한다. 이러한 루소의 생각은 낭만주의의 선구자로 일컬어지는 루소의 자연에 대한 열정과 감정이 담긴 비엔호수 안의 성 베드로섬에서 여유 있고 한가롭게 보내는 유유자적한 삶 속에서 더욱 빛을 발한다.

나는 항상 열렬히 물을 좋아했다. 그래서 물을 보면 종종 대상을 정해놓지도 않은 채 달콤한 몽상에 젖어들었다. 날씨가 좋을 때면 잠자리에서 일어나 반드시 잊지 않고 평평한 구릉지로 달려가 몸에 좋은 신선한 아침 공기를 들이마시며 아름다운 호수의 수평선을 내려다보았다. 그 호수를 따라 이어지는 연안과 산들이 나를 매료시켰다. 나는 신이 만든 것을 응시할 때 일어나며, 잘 쓴 기도문으로도 전혀 표현할 수 없는 이런 무언의 감탄보다 더 훌륭한, 신에 대한 찬양은 없다고 본다. 담장 벽과 길거리, 죄악밖에 보지 못하는 도시 사람들이 왜 신앙심이 별로 없는지 이해가 간다. 하지만 시골 사람들 특히 혼자 사는 사람들이 왜 신앙심을 전혀 가지지 못하는지는 이해할 수 없다. 왜 그들의 영혼은 자신에게 깊은 인상을 준 경이로운 창조자를 향해 하루에 백번이고 황홀감 속에서 고양되지 못하는가? 나의 경우 잠자리에서 일어날 때면 늘 불면으로 지쳐 있지만 오랜 습관 덕분에 이런 마음의 고양상태에 이르게 되는데, 이러한 고양상태는 생각하는 수고를 필요로 하지 않는다. 하지만 그렇게 되려면 내 눈은 자연의 황홀한 광경에서 깊은 인상을 받아야만 한다. 나는 내 방에서는 기도하는 일이 드물고 더 무미건조하게 기도한다. 하지만 아름다운 풍경을 보고는 말로 표현할 수 없는 감동을 받는다. 어떤 현명한 주교가 자기 교구를 돌아보면서 한 할머니를 만난 이야기를 했다. 할머니는 할 줄 아는 기도라고는 "오!" 말고는 없었다. 그는 할머니에게 이렇게 말했다. "훌륭한 어머니, 항상 그렇게 기도를 계속하십시오. 당신의 기도가 우리 기도보다 더욱 가치 있습니다." 이 훌륭한 기도는 내가 올리는 기도이기도 했다.

·『고백』

『고독한 산책자의 몽상』에서도 이와 유사한 묘사를 볼 수 있는데, 그것은 성 베드로섬에서 지내는 루소의 유유자적한 일과를 보충해준다. 끊임없이 격정에 사로잡혀 지내는 사람들이나 '이익의 망網' 속의 포로가 되어 지상의 온갖 집착에서 해방되지 못하는 사람들일지라도 조금만 여유가 있으면 경험할 수 있는 감미로운 영혼상태다. 루카누스Marcus Lucanus의 말처럼, 그 상태에서는 "우리는 입속으로 범죄가 되는 기도를 속삭이는"몽테뉴,『수상록』일도 없을 것이다.

저녁이 다가오면 나는 섬의 고지에서 내려와 호숫가 은밀한 은 거지의 조약돌 곁으로 다가가 앉아 있곤 했다. 그곳에서 파도 소리에 묻혀 영혼으로부터 온갖 분주함을 쫓아내는 물의 출렁임을 오감을 집중시켜 바라보면서 달콤한 몽상 속으로 빠져들었다. 그때 밤은 곧잘 내가 내 영혼에 대해 미처 깨닫기도 전에 엄습해왔다. 밀려갔다 밀려오는 호수의 물결 그리고 이따금 더 커지곤 하면서 내 눈과 귀를 끊임없이 두드리는 파도 소리는 몽상에 빠져 고요하기만 한 내면의 움직임을 가볍게 흔들어주었으며, 생각해야 하는 수고 없이 즐겁게 내 존재를 깨닫도록 만들어주었다. 때때로 수면은 내게 비유를 불러일으켜 온갖 세상사의 불안정에 대한 짧은 성찰을 하게 했다. 하지만 그 희미한 인상들은 ……내 영혼의 적극적인 협력을 얻지 못했기에 나를 가볍게 흔들면서 시선을 떼지 못하게 했던 계속되는 균일한 움직임물결의 출렁임 속으로 사라져버리곤 했다.

·『고독한 산책자의 몽상』

## 몽상의 자유

하지만 도취상태에서 맛보는 평정과 달콤한 행복이 깃든 그 삶은 아쉽게도 그리 오래 가지 못했다. 그 피신처가 그에게 영원한 '감옥'이 되어 그곳에서 나오지 못하도록 누가 자신을 감금해주기를 바라는 마음이 간절했지만, 세상은 끝내 그를 그 평온한 감옥에 붙잡아 두지 않았다. 어느 날 전혀 예상하지 못한 일이 일어났다. 그는

루소가 머물렀던 비엔호수의 풍경.
멀리 성 베드로섬이 보인다.

베른 정부에서 24시간 이내로 성 베드로섬과 베른 공화국을 떠나라는 명령을 받았기 때문이다.

　사람들은 그를 그 '감옥'에 남겨놓지 않기 위해 갖은 '노력'을 했다. 그러나 루소는 그런 행위에 괘념하지 않는다. 그에게는 그 누구도 막지 못하는 몽상의 자유가 있었기 때문이다.


　나는 그들이 그토록 평온한 은신처에 나를 붙들어두지 않기 위해 갖은 노력을 다할 것임을 안다. 그렇지만 그들은 내가 매일 상상의 날개를 타고 날아올라 몇 시간이고 그곳에 체류하면서 느꼈던 것과 똑같은 쾌락을 맛보는 일만은 막지 못할 것이다. 그러므로 내가 더 감미로운 상태에 있기 위해서는 그곳에 대해 마음대로 꿈을 꾸면 된다. 그곳에 있는 꿈을 꿈으로써 나는 곧 그곳에 있는 것이 아닐까? 오히려 더 생생하게 그곳에 있는 듯하리라.

　·『고독한 산책자의 몽상』

# 5 '식물계'에서

## 자연에서 평화를 찾은 루소

1770년 7월, 8년여에 걸친 피신과 유랑의 삶을 마감하고 루소는 전에 살았던 플라트리에르 거리<sup></sup><sup></sup>현재의 장자크 루소 거리로 돌아왔다. 그는 다시 파리 근교를 산책하면서 식물채집을 시작했다. 생애 마지막 8년을 그 거리의 소박한 집에서 사는 동안, 그가 가장 좋아했던 일은 바로 파리 근교로 식물채집을 나가는 것이었다. 자연은 인간에 실망한 그를 배반한 적이 없으며, 어머니 품처럼 언제나 변함없이 따뜻하게 맞아주었기 때문이다.

그동안 당했던 숱한 억울한 일들에 대한 복수심이나 증오의 불씨가 되살아나는 기색이 보이면, 루소는 곧바로 머리<sup></sup>Johan Andreas Murray, 1740~91의 『식물도감』*Le Regnum vegetable*을 겨드랑이에 끼고 자연의 품속으로 숨어들었다. 적어도 그 안에서만큼은 마음의 평화를 되찾을 수 있었으며, 악한 마음을 날려버릴 수 있었다. 하지만 그곳까지 가기 위해서는 시내를 통과해야 했는데 그럴 때마다 그를 알아보는 행인들의 눈길은 여전히 곱지 않았다. 그를 미워하는 사람들, 즉 귀족들이나 자신의 기득권이 그가 쓴 체제 비판의 글들 때문에 침해받았다고 생각하는 사람들의 조직적이고 치밀한 '홍보'에 이미 세뇌되었기 때문이다.

인류의 자유와 평등 그리고 민주주의에 큰 영향을 주었던 그 '힘없는' 루소에게 그 시대에는 사방에 적들뿐이었다. 그는 자신의 정당성을 주장하면서 대중의 이해와 동정을 구하기 위해 애써보기도 했지만 아무 소용이 없었다. 그럴수록 불안과 공포로 피폐해져 가는 그의 영혼은 안도와 휴식을 제공하는 자연 속으로 숨어들었다. 『고독한 산책자의 몽상』에서 루소는 "이 지상에서 혼자가" 된 상황에서 자연으로부터 받는 위안에 대해 이렇게 토로한다.

나는 모든 사람의 눈에서 호의만을 느꼈거나, 아니면 최악의 경우 낯선 사람들의 눈에서 무관심만을 느꼈던 옛날에는 세상을 즐겁게 살았다. 그렇지만 사람들이 내가 대중 앞에 나타나는 것을 막으면서 동시에 내 얼굴을 알리려는 수고를 하고 있는 오늘, 나는 내게 악담하는 사람들의 눈에 띄지 않고 길을 나설 수가 없다. 나는 걸음을 재촉해 시골에 이른다. 푸르름을 봄으로써 이윽고 나는 안도의 한숨을 내쉰다. 내가 고독을 사랑한다 해서 놀랄 일이 뭐 있겠는가? 사람들의 얼굴에서 오직 증오만을 볼 뿐이니. 그러나 자연은 내게 언제나 미소를 보낸다. 나는 내 얼굴이 알려지지 않는 한 사람들 사이에서 사는 즐거움을 변함없이 느낄 수 있다는 것을 고백해야겠다. 그렇지만 사람들은 내게 그러한 즐거움을 허락하지 않는다.

·『고독한 산책자의 몽상』

## 식물학에 대한 열정

루소는 길거리에서 마주치는 선량한 시민들을 미워하지 않았다. 아니, 자기를 증오하고 탄압했던 특권층 사람들에게조차 그들이 자신에게 보인 감정을 되갚지 않으려고 노력했다. 그가 주장했던 것은 오로지 누구에게나 공통된 진리를 위한 것이었으며, 그 진리를 위해 몸 바쳐 왔을 뿐<sup>그는 일찍부터 '진리를 위해 일생을 바치다'라는 말을 자신의 신조로 삼았다</sup>이었기 때문이다. 루소는 자신이 집필하고 있다는 소문이 돌자 곧이어 빗발친 중상모략 때문에 중단할 수밖에 없었던『고백』도 다시 쓰고 있었다. 그는 젊은 시절 음악에 대한 많은 연구를 했으며, 가정교사를 하면서 음악으로 생계를 유지하기도 했다. 파리에 안착한 그는 그 음악을 다시 밥벌이 수단으로 삼아야 했다. 그래서 루소는 악보를 필사하는 일도 계속하고 있었다.

어린 시절부터 가난하게 살아온 그는 여전히 그 가난에서 벗어나지 못하고 있었다. 가난 때문에 괴롭고 고달픈 세월을 보내기도 했지만 재물을 탐하지 않고 묵묵히 인내했기에 그는 자신의 혁명적인 사상이 몰고 온 거센 폭풍을 온몸으로 헤쳐 나갈 수 있었다.

루소는 부지런히 여기저기 눈길을 옮겨가며 벚꽃과 개쑥갓, 서양지치 등의 식물을 관찰했다. 은은한 향기와 강렬한 빛깔 그리고 우아한 형태를 가진 식물들은 기분전환에 많은 도움을 주었다. 혹시라도 불행했던 지난날의 고통스러운 감정이 값진 기분을 망치지 않을까 두려워질 때면 더 바쁘게 시선을 옮기며 식물을 관찰했다. 몰두를 통한 망각이야말로 마음의 자유에 이르는 좋은 방법이다. 그렇지만 그의 시선을 사로잡은 대상의 뚜렷한 모습들이 과거의 일들과 겹쳐 보이면서 갑자기 희미해질 때도 많았다. 그럴 때마다 가슴을 죄어오는 고통은 말로 표현할 수조차 없었다. 그러나 깊은 산속까지 루소를 비난하는 사람들이 따라올 수는 없었다. 루소는 숲속에서 마음의 평화를 얻는다.

나는 바위와 산에 오른다. 인간에 대한 기억과 악의 있는 사람들의 공격에서 벗어나기 위해 가능한 한 계곡과 숲속으로 몸을 감춘다. 숲 그늘 속에서 나는 잊히고 자유로워져 마치 더 이상 적이 없는 것처럼 느끼며, 나뭇잎들이 마치 그들의 비난으로부터 나를 지켜주는 것만 같다. ……새로운 식물을 찾으러 한적한 불모지로 떠나는 즐거움은 나를 가해하는 사람들을 피해가는 즐거움에 더해, 전혀 인적이 없는 곳에 이름으로써 그들의 증오가 더 이상 내 뒤를 뒤따르지 않는 은신처에서처럼 나는 더 마음 편히 한숨 돌린다.

·『고독한 산책자의 몽상』

루소가 식물학에 관심을 갖게 된 것은 모티에에서였다. 모티에에서 투석投石 사건이 있고 난 뒤 그곳의 유지들이 루소를 위로하러 찾아왔는데, 그들 중에는 회계 관리인 이베르누아라는 사람이 있었다. 루소는 이후로도 종종 찾아오는 그에게서 식물학에 관한 지식을 얻기 시작했는데, 그로 인해 생겨난 식물학에 대한 취향은 곧 열정으로 바뀌었다.

## 무위의 한가함

루소는 섬에서 지내면서 더 이상 글을 쓰고 싶어 하지 않았고 수고스럽지 않은 소일거리가 필요했다. 루소 자신의 말대로, 비현실적인 계획을 세울 나이는 이미 지났고 허영심의 취기는 마음을 우쭐하게 만들기보다 더욱 어지럽게 만들었으므로, 그에게 남은 최후의 희망은 오직 늘 한가함을 누리면서 자유롭게 사는 것뿐이다. 그것은 신의 축복을 받은 사람들이 저세상에서 누리는 삶인데, 이후 그는 그것을 이 세상 최고의 행복으로 삼는다.

그렇다면 루소에게 한가함은 어떤 것인가? 루소는 무위의 한가함을 원한다. 즉 마음 가는 대로, 기분 내키는 대로 행동하기를 원한다. 루소의 말에 귀 기울여 보자.

내가 좋아하는 무위는 게으름뱅이의 무위가 아니다. 팔짱을 낀 채 완전히 아무것도 안 하면서 움직이지도, 생각하지도 않고 그대로 있는 그런 게으름뱅이 말이다. ……내가 좋아하는 일은 별것 아닌 일에 몰두하는 것, 수없이 많은 일을 시작하고도 아무 일도 끝내지 못하는 것, 마음 내키는 대로 오가는 것, 끊임없이 계획을 바꾸는 것, 날아다니는 파리 한 마리의 모든 행적을 쫓아다니는 것, 그 아래에 무엇이 있는지 보려고 바위를 들어내는 것, 10년이 걸릴 일을 열심히 시도하다가 10분 후에 그 일을 미련 없이 포기하는 것, 되는대로 그러니까 온종일 빈둥거리는 것, 매사에 오직 순간적이고 일시적인 기분만을 따르는 것 등 말이다.
·『고백』

루소에게 식물학은 '아무 일도 하지 않는 연구'로 "한가한 시간의 빈틈 전부를 채우기에 적합한 일"『고백』이다. 식물학이야말로 상상에서 비롯된 망상이나 완전한 무위에서 오는 권태를 허용하지 않기 때문이다. 그러니 식물학은 고독한 사람의 연구다. 식물을 관찰하기 위해서는 돋보기 하나와 핀 하나로 충분하다. 그에게 식물학은 식물의 구조나 조직을 발견하기 위한 연구가 아니다. 식물들 사이의 유사성이나 식물체계 등을 연구하기 위한 것은 더더욱 아니다. 그는 여전히 "식물에 대해 별로 아는 것이 없어 모든 것이 새롭지만 모든 것을 느낄 수 있을 정도로 충분히 아는 상태에"『고백』 있다. 바로 그 상태로, 자연 속에서 유유자적하며 식물을 관찰하면 단한순간도 지루하지 않을 것이다.

만사태평으로 숲과 들판을 떠돌아다니는 것, 생각 없이 이곳저곳에서 때로는 꽃 한 송이를 때로는 잔가지를 집어 드는 것, 되는대로 건초를 뜯어먹는 것, 항상 잊어버리기 때문에 같은 것들을 똑같이 흥미롭게 수없이 관찰하는 것 등이 한순간도 지루할 틈 없이 아주 긴 시간을 보내는 데 필요한 것들이었다.

·『고백』

루소는 『고독한 산책자의 몽상』의 「일곱 번째 산책」에서 식물학에 대해 다시 한번 명상한다. 『고독한 산책자의 몽상』[1776~78]은 루소가 죽기 2년 전부터 쓰기 시작한 미완의 작품이다. 그는 이미 『고백』[1765~70]에서 훗날 부록을 써서 더 보충할 의사를 밝혔다. 하지만 루소는 「첫 번째 산책」에서 『고독한 산책자의 몽상』을 『고백』의 부록이라 부르고 싶지 않다고 말했다. 그는 이 책의 많은 부분이 『고백』처럼 동시대인들의 비난에 대한 자신의 해명임을 시사한다. 실제로 루소의 이 책은 '몽상에 관한 일기'라기보다는 '명상 또는 성찰에 관한 일기'다. 루소 자신도 이 책에는 "창조보다 어렴풋한 기억이 더 많이" 깃들어 있다고 시인한다.

루소는 「일곱 번째 산책」에서 동물계·식물계·광물계 중에서 "눈과 마음이 결코 싫증내지 않는, 세상에서 가장 아름다운 풍경을 제공해주는" 식물계를 가장 좋아한다고 말한다. 그는 탐욕을 부추겨 인간을 타락에 빠지게 할 위험이 있는 광물계도, 관찰을 위해 해부나 민첩성이 필요한 동물계도 좋아하지 않는다. 그는 죽은 동물들을 해부하고 분석해야 할 경우 냄새나는 시체나 꿈틀거리고 흉측한 내장, 앙상한 뼈, 악취, 점액이 흐르는 희끄무레한 살 같은 참혹한 광경을 도무지 받아들일 수 없다. 그러면서 루소는 자신이 즐거움을 찾을 수 있는 곳은 바로 이런 곳임을 아주 감동적으로 묘사한다.

장자크가 자신의 즐거움을 찾으러 갈 곳은 맹세컨대 그곳<sup>동물계</sup>이
아니다. 찬란한 꽃들, 목초지의 다채로운 빛깔, 시원한 그늘, 시냇
물, 작은 숲과 초원들이여, 그 온갖 끔찍한 대상들로 더러워진 내
상상력을 정화해다오. ······식물들은 인간이 즐거움과 호기심에
자연을 연구하도록 하기 위해 하늘의 별처럼 그렇게 땅 위에 후
하게 그 씨앗을 뿌렸나 보다. 하지만 별들은 우리와 멀리 떨어진
곳에 있다. 그것들을 우리가 파악할 수 있는 범위 안으로 끌어들
이기 위해서는 예비지식과 도구, 기계 그리고 아주 '긴 사다리'가
필요하다. 반면에 식물들은 대지 위에 자연스럽게 존재한다. 그
것들은 우리의 발아래에서—즉 우리의 손이 미치는 곳에서—솟
아난다. 그것들의 아주 작은 주요 부분들은 때로는 우리의 단순
한 시선으로 포착하지 못하지만, 그것들을 관찰할 수 있도록 해
주는 도구들은 천문학의 도구들보다 훨씬 더 간단하다.
·『고독한 산책자의 몽상』

루소는 효용성의 측면에서 식물학에 접근하는 것도 좋아하지 않
는다. 신이 인간에게 병을 주었다면 그 병을 치료하기 위한 약도 주
었을 텐데, 그것은 바로 약초다. 루소는 식물이 지닌 약으로서의 훌
륭한 효능을 부인하지 않는다. 그러나 자연을 거닐 때 그곳에서 약
과 치료제를 찾는 등 물질적인 이득에 마음이 팔리면 "자연이 인간

의 육체에 예속되어 있음을 느껴"『고독한 산책자의 몽상』 당연히 자연에 열광할 줄 모르게 되며 몽상의 날개 또한 펼치지 못할 것이다. 식물들을 욕망 충족의 대상으로 느껴 그의 눈에는 식물이 식물 그 자체로 보이지 않을 것이기 때문이다. 자연은 살아 있는 유기체로 서로의 속내를 나눌 수 있는 대화 상대가 아니라, 뜯고 꺾고 파헤치고 파괴해 인간의 욕심이나 채울 수 있는 욕망충족의 대상에 불과할 뿐인 것이다. 루소는 우리에게 이렇게 조언한다.

그런데 책을 쓰기 위해서든, 공간을 채우기 위해서든 어떤 이익이나 허영의 동기가 섞이거나, 아니면 가르치기 위해 터득한다든가 저자나 교수가 되기 위해 식물을 채집하면 그 한가로운 일의 모든 달콤한 매력은 사라진다. 식물 속에서 오로지 우리 욕망의 수단만 볼 뿐 식물에 대한 연구에서 더 이상 어떠한 즐거움도 느끼지 못하게 될 것이다.

·『고독한 산책자의 몽상』

## 욕망의 감정

루소는 그 욕망이라는 감정을 매우 낯설어 하는 것 같다. 그것이 물질에 대한 것이든, 성에 대한 것이든 말이다. 그에게 욕망의 감정은 어둠의 세계다. 그러니 "어두운 미로를 받아들이지 않는 크리스털처럼 투명한 나루소의 마음"[10]이 그 감정을 좋아할 리 없다. 그런데 크리스털처럼 투명한 마음은 투명한 양심이기도 하다. 그렇기에 그

---

10 Jean Starobinski, *Jean-Jacques Rousseau: la transparence et l'obstacle*, Gallimard, 1971, p.301.

양심은 그에게서 불투명하고 어두운 것을 몰아내기 위해 고군분투할 것이다. 그리하여 투명성에 대한 그의 싸움은 결국 루소에게 순수와 순결에 대한 강박관념을 넘어 결벽증 증세까지 갖게 만든다.

> 욕망의 감정은 어떤 것이든 언제나 내 생각을 우울하고 불쾌하게 만든다. 나는 오직 육체와 관련된 흥미를 완전히 잊어버림으로써 정신적 쾌락의 진정한 매력을 발견한다.
> ·『고독한 산책자의 몽상』

플라트리에르 거리의 그 '식물을 사랑하는 은자'는 식물학에 관한 논문과 한 지인의 어린 딸을 위해 총 8편의 「식물학에 관한 편지」를 썼다. 루소의 영향을 많이 받고 루소처럼 식물학에 열정을 보였으며 루소의 글 중 특히 『신엘로이즈』를 읽고 스위스의 호수와 산악지방의 경치를 묘사한 데 감동하여 직접 스위스 여행을 다녀오기까지 한 괴테Johann Wolfgang von Goethe, 1749~1832는 루소에 대해 이렇게 찬사를 보냈다.

> 지극히 존경스러운 루소의 외로운 산책을 따르고 싶지 않은 사람이 어디 있겠는가. 인간과 반목했던 그는 산책을 하며 식물과 꽃의 세계로 관심을 돌리고, 그 순수하고 솔직한 정신력으로 조용한 매력을 지닌 자연의 아이들과 친하게 지냈다.
> ·홀름스텐, 『루소』

# 2부

인간적인 삶을 향한 나지막하지만 깊은 목소리

■ 사람들은 사회 속에서 서로 이해가 상충되기에
  증오한다. 인간은 더 자신들의 이익을 추구하면 할수록
  서로를 증오하지 않을 수 없게 되며,
  겉으로는 서로 돕는 척하지만
  실제로는 서로에게 온갖 해악을 가한다.
  루소에게 인간은 천성적으로 선하다.
  하지만 타인과의 관계, 즉 인간이 모여 형성된
  사회의 문화적 환경 속에서 사악하게 변하지 않을
  수 없었다. 인간은 그렇게 필연적으로 타락하게
  되어 있다. 그러니 사회 속의 인간은 이제 더 이상
  천성적으로 선하며 평온과 평화를 추구하는
  여유로운 '미개인'으로, 다시 말해 서로를 증오하지
  않으며 불평등을 알지 못했던 원시적 자연 상태로
  돌아갈 수 없다.
  그렇다면 이미 자연 상태에서 멀리 떠나온 인간이
  순수하고 행복했던 그 '미개인의 신화적인 이미지'를
  되찾을 길은 없는가? 그것까지 되찾지는 못할지라도
  약자가 강자의 지배에서 벗어나게 하는 길은 없는가?
  루소는 『에밀』과 『사회계약론』에서 그에 대한
  답변을 시도한다. 『에밀』에서 루소는 에밀에게 자연
  상태의 미개인이 지녔던 그 천성적인 선함과 자유,
  그리고 천복을 되찾아주기 위한 교육을 시도했다.
  『사회계약론』에서는 "자신의 힘과 자유를 타인의
  유용을 위해 완전히 양도해야 한다"라는 사회계약에
  바탕을 둔 이상적인 사회를 그렸다.

『에밀』의 삽화.
에밀이 친구들과 달리기 시합을 하고 있다.

## 6 '소설' 같은 교육론 『에밀』

### 『에밀』을 집필하게 된 계기

루소는 어쩌면 "문학일 뿐"홀름스텐, 『루소』일지도 모를, 그렇지만 "20년에 걸쳐 명상을 한 뒤 3년에 걸쳐 작업한" 그의 대작 『에밀』을 쓰게 된 동기를 서문에서 다음과 같이 밝힌다.

무질서한데다 거의 일관성이 없는 성찰 및 관찰들을 모은 이 글은 깊이 사고할 줄 아는 어느 착한 어머니의 요청과 권유에서 시작됐다. 나는 그 어머니의 환심을 사기 위해 처음에는 그저 몇 쪽 분량의 기록 형식을 계획했다. 그런데 본의 아니게 길어져 지나치게 두껍기만 하고 다루는 내용은 아주 하잘것없는 작품이 되어버렸다. 나는 이 글의 출간을 오래도록 주저해왔다.

· 『에밀』

이 '착한 어머니'는 뒤팽 부인의 며느리 슈농소 부인이다. 루소는 뒤팽 부인과 그 부인의 조카였던 프랑쾨이를 1743년에 알게 되었다. 1746년 가을에는 슈농소에 있는 뒤팽 부인의 저택에 체류하면서 그녀와 그녀 조카의 비서로 일하기도 했다. 루소가 뒤팽 부인을 소개받았던 1743년, 그녀의 며느리인 슈농소 부인의 그와 같은 '요청과 권유'가 있었던 것이다. 슈농소 부인은 아들에 대한 남편의 교육이 마음에 들지 않았을 뿐 아니라 그러한 교육 때문에 아들에게 초래될 폐해를 걱정하고 있다가 루소에게 좀 더 참다운 교육 방식에 대해 고찰해줄 것을 부탁했다.

처음에 루소는 몇 쪽 분량의 짧은 글을 써서 그 간곡한 부탁에 답하고자 했었다. 물론 그가 그렇게 결심한 데에는 이유가 있었다. 그는 3년 전인 1740년에 「생트마리 씨에 대한 교육 연구」라는 글을 썼는데, 그 글을 다시 꺼내서 보완하면 되겠다고 생각했기 때문이다. 그 해 루소는 바랑 부인이 살고 있던 샹베리를 떠나 리옹으로 갔다. 루소는 그곳 법원장이던 마블리의 두 아들의 가정교사로 1년여 동안 일한 적이 있었다. 그 글은 말도 잘 듣지 않는데다가 게으르기만 했던 두 아이 중 큰아이의 교육에 대한 일종의 계획안이었다.

로크John Locke, 1632~1704의 『교육에 관한 몇 가지 고찰』Some Thoughts Concerning Education, 1693에서 많은 영감을 얻어 쓴 「생트마리 씨에 대한 교육 연구」는 훗날 『에밀』에 담을 교육에 대한 몇 가지 주요 원칙—체벌을 가하지 말 것, 인간에 대해 알도록 가르칠 것, 먼저 선량한 마음을 갖도록 한 다음 판단력을 기르도록 할 것, 재치나 기지·지식 등 이를테면 지력보다는 판단력을 더 중요시할 것 등—을 이미 제시하고 있다.

루소는 「생트마리 씨에 대한 교육 연구」를 보완하는 것으로는 만족하지 않았다. 그러나 다른 계획들에 밀려 실행에 옮기지 못했다. 물론 슈농소 부인이 오래전에 부탁했던 주제도 그의 마음에서 떠나지 않고 있었다. 당시 교육에 관한 주제는 루소가 다른 계획들보다 흥미를 덜 느끼는 주제였지만, 그 집안과의 오랜 '우정의 권위'가 그를 그 주제에서 해방시켜주지 않았다.

루소는 "한 착한 어머니의 권유와 요청"을 받아들여 "그 어머니의 환심을 사기 위해" 『에밀』을 쓰게 되었다고 말하고 있지만, 그 대작 집필에 착수했던 것은 그 어머니의 권유에 의해서만은 아닐 것이다. 루소 자신의 내적인 욕망이 그를 움직이지 않았다면 불가능한 일이기 때문이다. 루소가 이 대작을 쓴 동기는 어쩌면 그런 욕망이 더 직접적일지도 모른다.

## 가정교사를 꿈꾼 루소

루소에게는 가정교사에 대한 취향과 기호가 있었다. 아버지가 그를 두고 떠나버려 10세 때부터 고아가 되다시피 한 루소는 일찍부터 생계를 위한 일을 시작하게 되었으며, 그 뒤로 여러 직업을 전전해야 했다. 그러던 중, 18세 때인 1730년 스위스 뇌샤텔에서 음악 개인교사 자리를 얻을 수 있었고 약 1년간 '가르치는 직업'에 종사했다. 2년 뒤인 1732년, 루소는 다시 샹베리에서 소녀들에게 음악을 가르칠 기회가 있었다. 그로부터 3년 뒤인 그의 나이 23세에 자기 아버지에게 쓴 편지에서 그는 자기가 할 수 있는 모든 직업 중에서 가정교사직이 가장 잘 맞는 것 같으며, '다소의 기호'도 있음을 고백한다. 그가 말한 그러한 기호는 이전의 교육 경험에서 확인한 것인지, 아니면 정식 교육을 한 번도 받지 못한 데서 오는 어떤 환상에서 생겨난 것인지는 알 수 없다. 그의 기호는 여러 복합적인 이유로 생겨난 것임에 틀림없다.

5년이 지나 루소는 가정교사직을 다시 얻게 되는데, 그것이 앞서 말한 마블리 법원장의 아이들을 교육하는 일이다. 하지만 격한 그의 성격상 가정교사직은 적합하지 않았다. 샹베리에서 음악을 가르쳤을 때 재잘대는 소녀들의 수다도 그랬지만, 마블리의 두 아들처럼 말을 잘 듣지 않는 학생들을 오래 참아내기가 쉽지 않았다. 그래서 그는 1년 후 그곳을 떠나버렸는데, 가정교사직에 대한 자신의 '기호'에도 불구하고 그 직업에 대한 자질 부족과 실패를 인정하지 않을 수 없었다. 루소의 이와 같은 교육적 실패와 자질 부족은 이후 『에밀』을 비판하는 사람들이 가장 빈번하게 거론하는 루소의 약점이 되었다.

그 후로도 루소는 교육에 대한 관심을 버리지 않는다. 『에밀』을 집필할 때까지, 그의 여러 글에는 교육에 관한 지속적인 관심이 나타나 있다. 먼저, 1749년에 출간된 『학문과 예술에 대하여』*Discours sur les sciences et les arts*에서 루소는 아이를 가르칠 때에는 그 아이가 어른이 되었을 때 삶을 능동적으로 잘 헤쳐 나갈 수 있도록 훈련시킬 것을 강조하면서 고대 스파르타인들을 본보기로 제시한다. 이어 1755년에는 『백과전서』*Encyclopédie, 1751~72*의 표제 항목에서, 평등과 조국에 대한 충성은 시민의 정부와 자주적인 국가의 기반이 되는 것이라고 말하면서 집단적이고 국가적인 교육을 장려한다. 이윽고 1758년 9월에는 『에밀』의 교육 사상을 예고하는 편지들, 특히 제5부 세 번째 편지와 제1부 열두 번째 편지의 내용을 담은 『신엘로이즈』가 완성되어 1761년 1월 파리에서 판매된다. 교육에 대한 루소의 이런 관심은 그의 철학에 바탕을 두고 있다. 그에 따르면, "진정한 교육학은 이미 그 안에 정치학을 내포하고 있다"는 것이다. 이것은 플라톤Platon, BC.428?~BC.347의 주장이기도 한데, 이를테면 참된 교육 없이는 정치적인 희망도 기대할 수 없다는 것이다. 그가 말하는 자유와 평등의 정치학은 참다운 인간, 즉 공화국에 합당한 시민이 존재할 때만 꽃 필 수 있다. 그러한 시민을 양성하기 위해서는 당연히 참다운 교육이 필요하다. 마침내 루소는 『에밀』에서 에밀이라는 아주 평범한 아이의 교육을 통해 그런 시민 양성에 대한 본보기를 보여준다.

### 프랑스의 교육 상황

그렇다면 루소가 『에밀』을 쓸 당시 프랑스의 교육 상황은 어땠을까? 루소가 걱정한 것처럼, 사람들은 루소의 교육사상에 대해 "교육론을 읽는다기보다 한 환상가가 쓴 교육에 관한 몽상"으로 생각할지도 모른다. 하지만 분명한 것은 당시 교육에는 많은 문제가 있었다. 따라서 설령 그것이 '몽상'에 불과한 것이라 할지라도 어떤 사회적 현실이 작용하고 있었기에 그에 대한 반작용이 있었을 것이다. 그렇듯 당시의 사회적인 현실은 루소에게 교육에 대해 '몽상'하도록 만들었을 것이며, 그런 만큼 '몽상'으로만 그치지 않은 부분이 많을 것이다.

루소는 『에밀』의 「서문」에서 이렇게 말한다. "나는 훌륭한 교육의 중요성에 대해서는 거의 언급하지 않을 것이다. 현재 통용되고 있는 교육의 좋지 못한 점을 보여주는 일 역시 하지 않을 것이다. 많은 사람이 나 이전에 이미 그 같은 시도를 했으니, 나는 모두가 아는 것들로 내 책을 채우고 싶은 마음이 없다. 단지 나는 아주 오래전부터 누구도 더 나은 교육 방법에 대해서는 제안할 생각을 하지 않으면서 기존의 방법에 대해 비판하는 외침만 있었다는 점을 지적해두고자 한다. 이 시대의 문학과 학문은 인성을 교화하기보다 그것을 훨씬 더 파괴하는 방향으로 가고 있다."

기존의 방법이 과연 어땠기에 비판이 고조되었으며, 아이들의 인성을 교화하기보다 오히려 파괴하는 방향으로 가고 있었을까?

당시의 부모들<sup>대체로 귀족들에 대한 이야기다. 서민들은 교육 기회를 거의 얻지 못하던 시대였으니까</sup>은 자신의 삶을 즐기기 위해 자식에 대한 의무마저 게을리하는 경향이 많았다. 아이들은 어른들의 그러한 쾌락을 추구하는 데 걸림돌이 되었다. 그래서 부모들은 아들은 주로 수도원이나 콜레주<sup>collège</sup>로, 딸은 수녀원으로 보냈다. 그렇지 않을 경우에는 자격 미달인 가정교사에게 아이들의 교육을 맡겼다.

하지만 그런 곳들은 교육기관이라기보다 무관심하고 가혹한 감금 장소였다. 수도원이나 콜레주나 수녀원은 무엇을 가르치기 이전에, 즐겁게 뛰어놀면서 자유롭게 자라야 할 아이들에게 가혹한 규

율과 훈육을 해 주눅 들게 했으며, 기숙사 생활은 감금이나 다름없었다. 부모의 무관심과 맞물려 아이들은 그와 같은 교육기관이나 무능력한 가정교사의 손아귀에서 어린 시절을 보냈다. 그렇게 교육받은 아이들은 가정에 전혀 애착을 느끼지 못했으며, '마음'이 결여된 어른으로 성장했다. 루소는 이렇게 이야기한다.

멀리 수도원이나 수녀원 또는 콜레주에 흩어져 있는 아이들은 가정에 대한 사랑을 다른 곳으로 돌릴 것이다. 더 정확히 말하면, 그들은 아무것도 애정을 품지 않는 습관을 들여 집으로 돌아올 것이다. 형제자매는 서로를 거의 알지 못할 것이다. 모두가 의례적으로 모일 것이고, 그때 그들은 서로에게 아주 정중하게 대할 것이다. 그들은 서로를 타인처럼 대할 것이다. 부모와 자식 사이에 친밀감이 존재하지 않게 되면, 다시 말해 가족 사회가 더 이상 안락한 공간이 되지 못하면, 그것을 보충하기 위해 아무래도 좋지 않은 풍속에 의지하게 된다. 그 모든 연관 관계를 알지 못할 만큼 어리석은 자가 어디에 있는가?
·『에밀』

그런 곳에서 받은 교육은 아이들을 인간성이 결여된 아이로 만들고 인성을 파괴한다. 루소는 당연히 그런 곳들을 진정한 공공 교육기관으로 인정하지 않는다. 그는 마찬가지로 상류계층의 교육도 진정한 교육으로 생각하지 않는다. 그 교육은 언제나 타인을 위하

는 것처럼 호들갑을 떨지만 실상은 정반대라는 것이다. 그런 교육
은 자신만을 생각하는 이중인격의 이기주의적인 인간을 만들어내
는 데 적합할 뿐이다. 따라서 그것은 쓸데없이 정성을 허비하는 일
일 뿐이다.

### 관습에 얽매인 교육

그런 교육기관에 대해 루소가 비판하는 또 다른 한 가지는 기존
관습에 얽매어 있는 교육 방식이다. 루소는 그 교육 방식에 대해 이
렇게 말한다.

제네바 아카데미와 파리 대학에는 내가 좋아하고 존경하는 몇몇
교수가 있다. 나는 그들이 관습을 따르도록 강요받지 않는다면
젊은이들을 잘 교육할 수 있으리라고 생각한다. 나는 그들 중 한
사람에게 그가 마음에 품고 있는 개혁안을 출판하도록 권유하고
있다. 병을 고치는 데 약이 없지 않다는 것을 알면, 사람들은 아
마도 그 병을 고치고 싶은 마음이 들 것이다.
· 『에밀』

이처럼, 루소가 보기에 아이들은 그런 교육기관에서 관습의 노예
가 되어가고 있었다.

루소는 그와 같은 교육을 가리켜 '아이들을 살해하는 행위'라며
가혹하게 비판하면서 그 폐해에 대해 경고한다. 아이들은 그런 교

육기관에서 살아가는 데 아무 도움이 되지 않는 지식을 쌓고 있으며, 체벌에 대한 공포와 포상에 대한 희망 속에서 비굴한 정신을 기르고 있었다. 그들은 아첨하는 법을 배우며, 계략을 짜내는 법을 배우며, 질투와 시기심으로 뒤범벅된 경쟁만을 배울 뿐이었다.

그렇게 어린 시절의 속박과 구속에서 벗어나면 이제는 관습의 멍에라는 것이 그들을 기다리고 있다. 청년이 된 그들은 자유를 찾았다고 생각하면서 환호할지 모르지만, 세상의 준칙의 노리개가 되어야 하는 운명과 마주한다. 그들은 그들 자신이 되는 법을 배우지 못하고, 그들 자신이 되어보는 때를 찾지 못한다. 어린 시절에는 아이로, 청년 시절에는 청년으로 살지를 못한다. 그 시절은 그저 빨리 흘려보내야만 하는 의미 없는 시기일 따름이다.

그들에게는 지위가 있고 재산이 있다. 그들은 가문의 상속자들이다. 따라서 얼른 어른이 되어 그에 걸맞은 지위의 사회생활을 해야한다. 자신의 지위에 걸맞은 교육, 그것은 당연히 그들이 몸담고 있는 세계의 관습을 배우는 교육이다. 그러므로 그런 교육은 당연히 아이를 아이로 대하는 교육도, 청년을 청년으로 대하는 교육도 아니며, 아이 자신을 위한 교육도 아닐 것이다. 그것은 어른이 원하는 모양으로 아이를 '주조'하는 교육일 뿐이다. 또한 그것은 자기 자신<sup>자아</sup>에게서 이탈하는 교육, 자신의 진정한 얼굴에 가면을 씌우는 교육에 불과하다.

## 프랑스 교육에 대한 비판

권위 있는 루소 학자 뷔르즐랭$^{Pierre Burgelin}$은 그 상황을 이렇게 묘사한다.

우리가 도시에서 아주 지각없이 살아가고 있다고 생각하는 그런 인간들은 더 이상 신의 피조물이 아니다. 그들은 사회의 산물로, 세간의 여론에 의해 주조된 인간들이며 인간에 의해 만들어진 인간들이다. 그런 인간은 그가 몸담고 있는 환경이 요구하는 대로 말하고 생각하고 행동한다. 그런 인간들은 특히 자신들이 인정받지 못하지 않을까, 사람들이 제시하는 본보기를 제대로 닮지 못하지 않을까 노심초사한다. 그건 그들의 모든 이해$^{利害}$와 지위와 행운과 사회적 평판과 유복함과, 끝으로 이른바 사람들이 행복이라고 말하는 것과 관련된 문제이기 때문이다. 그들의 모든 것은 타인의 생각에 의해 좌우된다. 그러므로 그들로서는 타인의 기대에 부응하는 표면적인 모습만 보여주는 것으로 충분하다. 그 껍데기 안쪽으로 아무것도 없다 한들 그들에게는 아무 상관이 없다. 자기 자신이 되는 것, 자기 자신에 의해 원하고 생각하는 것, 그런 것은 그들에게 더 이상 아무런 의미도 없다. 그들은 그들을 자신에게서 떼어놓는 그런 놀이에 여념이 없다. 베네치아 사육제의 가면들처럼, 그들의 얼굴에는 가면이 씌워진다. 보브나르그의 지독한 말에 의하면, '관습이 모든 것을 만들고 있다. 사랑까지도 말이다.'

· 『에밀』

이처럼, 당시 어른들의 눈에는 어른이 되기 전의 시기, 즉 유년기와 청년기는 존재하지 않는다. 그들의 관념 속에 사람은 "세련된 예절을 아는 어른"밖에 존재하지 않는다. 그리고 세론에 아주 잘 적응하는 것이 중요하기 때문에 자기 자신으로 돌아가는 교육은 안중에도 없으며, 그렇기에 당연히 그런 교육은 할 수가 없다.

앞서 인용한 「서문」에서 루소가 말하고 있듯이, 당시 교육의 이런 점들에 대한 비판이 일고 있었으며, 루소가 지적하듯 그 시기의 교육은 그런 점에서 인성을 교화하기보다는 인성을 파괴하는 쪽으로 흘러가고 있었다. 다시 루소의 말에 따르면, "병을 고치는 데 약이 없지 않다는 것을 알면 사람들은 아마도 그 병을 고치고 싶은 마음이 들 것이다." 그렇다면 이제 그 당시 교육이 앓고 있던 병에 대한 루소의 처방은 명백하다. 하나는 아이를 '존재'하게 하는 것, 다시 말해 어린 시절을 인정하고 아이에게 어린 시절을 돌려주는 것이고, 다른 하나는 가면이 씌워진 얼굴에서 가면을 벗겨내고 그의 본래 얼굴을 되찾게 하는 것이다.

따라서 먼저, 아이를 아는 것이 중요하다. 루소는 아이를 잘 알지 못하는 사람들에 대해 이렇게 비판한다.

사람들은 아이에 대해 거의 문외한이다. 그러므로 그들이 가진 그릇된 생각에 기초해 고찰할수록 그들은 더 과오만 저지른다. 아주 현명한 사람들조차도 어른이 무엇을 긴히 배워야 하는지에만 전념할 뿐, 아이가 무엇을 배워야 하는가 하는 점에 대해서는 고려하지 않는다. 그들은 아이가 어른이 되기 전에 마주할 문제에 대해서는 생각해보지 않은 채, 그 아이가 어른이 된 후에 겪게될 문제만을 생각하려 한다. 설령 내 방식이 모두 공상에 불과하거나 옳지 못할지라도, 내가 전념했던 이 연구는 사람들이 내 고찰을 언제라도 이용할 수 있도록 하기 위한 연구다. 방법에서는내가 아주 잘못 생각했을 수도 있다. 하지만 연구해야 할 주제에대해서는 내가 잘 보았다고 생각한다. 그러니 당신의 학생들을더 잘 연구하는 것에서부터 시작하라. 확신하건대 당신은 그들을전혀 모르기 때문이다. 나의 의견을 받아들이면서 이 책을 읽는다면 나는 당신에게 이 책이 전혀 유용하지 않으리라고는 생각하지 않는다.

· 『에밀』


그러니 이제 아이는 아이로 대해야 한다. 아이에게 아이의 시기를돌려주어야 한다. 절대 아이를 어른처럼 다루어서는 안 된다. 아이의성장에 따라 각 시기에 적합한 교육을 해야 한다. 아이에게는 자연이 허락한 발달 순서가 있다. 그 순서를 따르는 일, 바로 그것이 아이를 아이로 대하는 일이며 자연을 따르는 일이기도 하다.

아이에게는 전적으로 육체만 발육하는 시기, 감관이 발달하는 시기, 지적인 능력이 눈을 뜨는 시기, 이성과 감수성이 생겨나는 시기, 도덕적인 감정이 이해되어야 하는 시기 등 각 시기에 계발되고 발달되어야 할 고유의 능력이 있다. 이처럼 시기마다의 교육 목표가 다르기에, 당연히 교육 방법도 달라야 한다. 그러한 능력들이 순서에 따라 계발되지 않을 경우, 교육은 아이에게 역기능으로 작용해 성장을 방해하며 인간을 뒤죽박죽으로 만들어서, 결국 심성을 파괴하고 만다.

그러므로 아이에게 유일한 안내자는 그 성장 질서가 내재되어 있는 자연이어야 한다. 아이를 가르치는 교육자가 꼭 있어야 한다면, 그는 자연의 대리인 이상이어서는 안 된다. 그러니 교육자의 역할은 말할 수 없이 중요하다. 자연의 대리인 교육자는 아이가 자연에서 벗어나지 않도록 아이를 보호해주어야 하기 때문이다.

### 자연이 부여한 심성

그러면 루소가 말하는 '자연'이란 무엇일까? 자연은 질서가 내재되어 있는 질서의 근원이다. 따라서 자연에서 벗어나면 무질서가 초래된다. 선량한 신은 그 질서를 통해 존재하는 것들을 유지시키며, 부분과 전체를 이어주고 있다. 신은 질서를 사랑한다. 그렇기에 신이 창조하는 것은 선하며, 신이 창조한 만물은 그가 사랑하는 질서 속에서 각자의 위치에 존재하고 있는 것이다. 따라서 만물은 본래의 위치를 벗어나지 않기만 하면 질서 속에서 존재하는 것이 되며 자연을 떠나지 않는 것이 된다.

아이를 아이로 다루는 것, 성장 시기에 따라 아이에게 그 시기에 적합한 교육을 하는 것, 그것은 곧 자연이 아이에게 부여한 자리를 되찾아주는 일이다. 아이가 그 자리에 있을 때 그는 자연을 벗어나는 일이 아니기에, 질서 속에서 사는 일이 된다. 따라서 아이의 심성은 타고날 때 자연이 부여한 선한 심성을 잃지 않는다.

　루소의 말대로 인간은 선하게 태어난다. 선량한 신은 질서를 사랑하기 때문에 신이 창조하는 피조물은 당연히 선량한 존재다. 아이의 천성적인 선함을 유지하는 것은 자연의 질서를 따르는 일이며, 그 질서를 유지·보전하는 일이다. 하지만 『에밀』 속의 사부아 보좌신부의 고백대로 "자연은 언제나 우리에게 조화와 균형을 보여주고 있는데, 인류는 혼란과 무질서만 나타내 보여주고 있다." 사부아 보좌신부는 자신이 지금까지 찾고 있는 그 자연을 어디에서 발견할 수 있을지를 모른다. 그러므로 자연은 이미 인간에게서 멀리 떨어져 있는 것이다.

　따라서 태어날 때의 그 선량함을 그대로 유지하는 일은 어려울 수밖에 없다. 사방이 자연에서 벗어나 있으니, 자연을 벗어나 살고 있는 존재들이 선량하게 태어난 아이를 자연 안에서 살게 하기는 거의 불가능하기 때문이다. 그처럼 거의 불가능한 일을 가능하게 하려면 어떻게 해야 할까? 적어도 아이를 자연을 벗어나 있는 모든 것들에서 격리시켜야 한다.

　아이는 태어날 때 자신에게 필요한 것조차 얻을 수 없다. 그러니 당연히 남의 도움을 구하지 않을 수 없다. 인간에게는 동정심이라는 타고난 감정이 있기에 어른은 동정심에서 아이를 돌봐준다. 아이 자신도 타고난 자기애의 감정을 이용하여 자기 보존에 본능적으로 대처한다. 그것은 자연이다. 하지만 아이에게 조금씩 욕망이 생기고 아이가 자유를 알게 되면 문제는 달라진다. 무질서의 위험, 이를테면 자연을 벗어날 위험도 함께 나타나기 때문이다.

## 자연 교육의 필요성

가족은 어떠한가? 가족의 애정 그 자체로 아이가 망가질 수 있다. 필요 이상의 욕망은 아이에게 그 욕망을 채우도록 부추긴다. 가족은 지나친 애정으로 아이의 필요 이상의 욕망에 굴복함으로써 아이에게 지배욕과 허영심을 북돋아준다. 아이 때부터 지배욕과 허영심을 경험한다는 것은 그 자체로 이미 아이가 아닌 위치를 맛보는 경험을 한 것이며, 어른이 되었을 때 그 아이의 행태는 불 보듯 뻔한 노릇이다!

사회는 사회대로 불의의 바다다. 사회는 불평등의 기초 위에 자리 잡고 있기 때문이다. 관습의 압제는 어떠한가? 그것은 아이로 하여금 자연에 의해 허락된 신성한 자유<sup>자연의 질서를 해치지 않고 사용할 수 있는 신성불가침의 자유</sup>를 행사하는 것과 정념에 저항하는 의지의 단련을 가로막는다.

그런데 이상의 모든 것은 자연이 아니다. 아이의 타고난 심성을 보존하려면 이 모든 자연이 아닌 것에서 아이를 떼어놓아야 한다. 그런데 이쯤 되면 이미 현실의 영역을 상당히 벗어난다. 루소 자신의 말대로 이 영역은 '몽상'에 가까운 영역이며, 더 좋게 말한다면 '이상'에 가까운 교육 방법인 것이다.

어쨌든 루소가 던진 화두는 자연이며, 그에 대해 루소가 제시하는 조언은 "자연으로 돌아가라"다. 태어날 때 지니고 나온 자기 자신, 곧 본성을 보존하는 것이다. 교육은 당연히 그 본성 또는 심성을 망가뜨리지 않는 방향으로 행해져야 한다. 그것은 곧 자기 자신으로 돌아가는 일로, 자연에서 벗어나지 않는 일이기도 하다. 아이를 아이로 '존재'하게 하는 것, 따라서 아이를 성장 시기마다 그 시기에 적합한 교육을 시키는 것, 그것이야말로 아이가 자연을 잃지 않도록 하는 중요한 교육 방법이라 할 수 있을 것이다. 이처럼 루소가 『에밀』에서 주장하는 주요 원칙들은 자연인의 육성을 위한 자연 교육에 필요한 원칙들이다.

### 교육에 영향을 미친 『에밀』

『에밀』은 당시 상황에 비추어보면 최초로 어린이의 위치에서 기획된 아주 급진적인 교육론이다. 『에밀』은 사회를 떠들썩하게 만들었던 만큼 훗날 교육에 많은 영향을 미쳤다.

『에밀』을 읽고 그 진정성에 감동받은 어머니들은 직접 자신의 젖을 먹여 아이를 양육했으며, 사교계 여인들과 신부들 그리고 귀족들조차 루소에게 교육에 대해 문의했다. 에밀처럼 목공이 되기 위해 군인의 길을 그만둔 유망한 장교도 있었다. 교육에 대한 관심이 높아져서 교육 관련 서적의 출판이 부쩍 늘어나기도 했다.

루소를 따르는 문인들도 적지 않았다. 그중 생피에르Bernardin de Saint-Pierre, 1737~1814는 그의 영향을 받아 『자연 연구』Etudes de la Nature를 출간했으며, 메르시에Louis-Sebastien Mercier, 1704~1814는 『에밀』의

직접적인 영향을 받아 루소가 말한 미개인의 개념을 바탕으로 한 『미개인』을 발간하기도 했다. 비록 루소를 비판했지만, 디드로 역시 루소의 사상에서 영감을 받아 「러시아 정부의 대학 계획안」을 집필했다.

혁명은 루소에게 더 명예로운 월계관을 씌워주었다. 그의 『사회계약론』은 공화정의 보증서로 이용되었으며, 『에밀』은 공화국 정부의 참다운 시민 양성에 가장 적합한 교육 이론으로 찬사를 받았다. 혁명기에 우후죽순으로 생겨난 교육안은 루소의 사상을 기반으로 한 것들이 대부분이었으며, 윤리학이나 정치학의 보조자에 그쳤던 교육학은 혁명가들에게 이성에 의한 통치를 준비하는 데 적합한 학문으로 여겨지게 되었다. 그것은 물론 공화국에 합당한 시민 양성을 목적으로 했던 루소의 『에밀』 덕택이었다고 해도 과언이 아니다.

외국에서는 어떠한가. 영국에서는 『에밀』이 출간된 후 곧이어 두 번에 걸쳐 번역본이 출간되었으며, 독일에서는 무엇보다 교육자 사이에서 폭발적인 인기를 끌기 시작했다. 피히테Johann Gottlieb Fichte, 1762~1814나 칸트Immanuel Kant, 1724~1804, 괴테, 실러Johann Christoph Friedrich von Schiller, 1759~1805 등의 철학자들은 『에밀』의 사상에 흠뻑 취하기도 했다. 칸트는 『에밀』을 읽다가 정확하기로 소문난 그의 산책 시간까지도 잊은 채 독서에 빠져 있었다고 한다. 괴테는 "호주머니에는 언제나 호메로스를, 머리에는 언제나 『에밀』에 대한 기억이 담겨 있었다"라고 말할 정도로 『에밀』은 그에게 큰 인상과 감명을 남겼다.

낭만주의 시기를 전후로 『에밀』은 다시 한번 다양한 계층에게 특별한 애호를 받았다. 부잣집 아이들 중에는 에밀이라는 이름의 아이가 많았으며, 집이 부유한데도 에밀처럼 수공일을 배우는 청년이 많아졌다.

당시의 작가들, 이를테면 세낭쿠르[Étienne Pivert de Sénancour, 1770~1846], 미슐레[Jules Michelet, 1798~1874] 그리고 뒤마 2세[Alexandre Dumas fils, 1824~1895] 등은 열렬한 루소 신봉자들이었으며, 나폴레옹 3세[Napoléon III, 1808~73]도 그들 중 한 명이었다. 마지막으로, 스탈 부인[Madame de Staël, 1766~1817]은 "에밀 같은 아들이 있다면 얼마나 행복할까!"라고 한숨을 쉬며 루소의 교육 사상에 찬사를 보냈다. 하지만 얼마 후 그녀는 루소의 소극적인 교육사상보다는 페스탈로치[Johann Heinrich Pestalozzi, 1746~1827]의 좀 더 적극적인 교육방법을 선호하게 되었다.

페스탈로치도 루소 신봉자였다. 페스탈로치는 루소의 영향을 받아 1769년 아이레강 근처의 버려진 땅에 농장을 설립했고 『육아일기』[1774]에서 아들 야콥의 교육을 『에밀』의 이상에 따라 이루어가려는 노력을 감동적으로 기술했다. 이후 페스탈로치는 루소가 『에밀』을 집필한 이유로 박해를 받아 피신해 살았던 이베르동에 학교를 세우면서 유명해졌다. 그는 아동의 자발적인 활동을 통해 여러 능력을 조화롭게 계발시키는 직관적 방법을 제창했다. 그러므로 루소보다 더 능동적인 방법을 제시했다고 할 수 있다. 우리 시대에 행해지는 "반권위주의적인 교육 모델 역시 부분적으로 루소의 기본사상에 기초한다."홀름스텐,『루소』

▲『에밀』의 삽화.
　에밀이 스승에게서 천체의 방향에 대해 배우고 있다.
▼『에밀』의 삽화.
　"도시여, 잘 있거라"

이렇듯『에밀』이 미친 영향은 아주 다양하다. 그도 그럴 것이, 이 책은 교육에 관한 글에서 그치지 않고 루소의 인간관과 사회관을 종합적으로 보여주고 있기 때문이다. 이처럼『에밀』은 그의『학문과 예술에 대하여』부터 그가 죽기 전에 쓴 미완의 마지막 작품『고독한 산책자의 몽상』에 이르기까지의 작품들 중 내용에서나 영향력에서나 가장 완벽한 작품으로, 인류 문명이 낳은 최대 걸작 가운데 하나로 인정받고 있다. 이 작품은 그가 「서문」에서 밝히고 있는 목적, 즉 교육에 관한 주제에 대해 사람들의 주의를 환기시키는 것, 그리고 그의 생각이 비록 졸렬할지라도 그것이 더 좋은 생각을 싹트게 하는 밑거름이 되기를 바라는 바를 충분히 달성했다.

## 7 로빈슨 크루소 따라 하기

### 시기에 적합한 교육

『에밀』의 교육론은 인간이 지니고 태어난 본질적인 선을 보존하면서 각 시기에 따라 신체와 지성과 마음의 조화로운 발달을 꾀하고 사회생활에 대비하며 행복한 삶을 추구한다. 이 책은 교육론에 그치지 않고 루소의 인간관과 사회관을 총체적으로 전개한 대표작이기도 하다.

아이의 천성적 자유를 보존하고 발전시켜야 교육적 이상을 이룰 수 있다는 루소의 주장은 처음부터 끝까지 '자유'라는 개념을 담고 있다.

아이의 움직임을 간섭하지 말아야 한다. 무슨 놀이를 하든 자유롭게 놓아두어야 한다. 청년이 되면 종교를 선택하는 일도 그 자신이 하도록 자유를 주어야 한다. 어른은 나약한 아이에게 안내자로 그쳐야지, 어린이의 천성 계발을 방해해서는 안 된다. 타고난 개성을 존중하면서 책임과 의무를 다할 수 있는 능력을 기르도록 도와주어야 한다.

·『에밀』

    루소는 이러한 교육을 위해서는 아이를 책이나 가족은 물론 그들 또래의 아이들에게서 고립시켜야 하며, 모든 속박 심지어 부정적인 효과만 초래할 뿐인 가정교사의 속박에서 벗어나게 해주어야 한다고 말한다. 루소의 이런 주장은 당시의 교육 개념과는 차원이 다른 것이었기에 동시대인들에게는 너무 엉뚱하고 이상적이며 위험천만한 발상으로 비춰졌다.

    『에밀』에서 루소는 무엇보다 아이를 아이로 다룰 것을, 따라서 각 성장 시기에 따라 그 시기에 적합한 교육을 시킬 것을 주장한다. 루소에 따르면, 성장기 중 가장 위험한 기간은 출생부터 12세까지다. 그 시기는 오류와 악습이 싹트는 시기이지만, 그것을 제거할 수 있는 수단은 갖지 못하는 시기다. 수단이 생겼을 때쯤에는 아이가 지닌 오류들이 이미 깊이 뿌리박혀 있어 뽑아 없애기에는 너무 늦다. 아이는 아직 지적 능력이 부족하므로, 정신을 사용하는 일은 아무것도 하지 말아야 한다. 아이의 정신은 아직 어두워서 선생이 비추는 빛을 알아볼 수 없으며, 관념의 광활한 평원에서 이성의 길을 따라갈 수 없기 때문이다.

    그러한 상황에서 읽고 쓰기를 가르치는 것은 아직 이르다. 또 그것은 아이가 단어에 대한 개념을 아직 전혀 모르기 때문이기도 하며 아이를 책상에 묶어두고 신체의 발육을 방해하는 일이기 때문이다. 책을 싫어하는 루소 "나는 책을 싫어한다. 그것은 알지도 못하는 것에 대해 이야기하는 법만 가르칠 뿐이다."(『에밀』) 그러나 그는 어린 시절부터 독서광이었다!는 즐겁게 이렇게 이야기한다.

> 그렇게 나는 아이에게서 모든 과제를 없앰으로써 아이의 가장 불행한 도구, 즉 책을 없애버린다. 독서는 아이에게 재앙인데도 어른들이 아이에게 빠지지 않고 시키는 거의 유일한 것이다. 12세가 되어야 에밀은 겨우 책이라는 것이 무엇인지를 알게 될 것이다. 하지만 사람들은 그가 적어도 읽을 줄은 알아야 한다고 말한다. 나 역시 그 말에 동의한다. 하지만 독서가 아이에게 유익할 때, 읽을 줄 알면 되는 것이다. 그때까지 독서는 아이를 지겹게 만드는 일일 뿐이다.
>
> ·『에밀』

이를테면 루소는 실용적인 지식을 습득하기 위한 독서, 유익한 이익을 주는 독서를 권유한다. 살아가면서 지식 습득이 필요할 때 독서를 시작하면 된다는 것이다. 그러니 루소는 아이가 독서보다는 즐겁게 뛰어놀도록 내버려 둘 것을 당부한다. 아이에게 노는 것은 곧 행복하게 지내는 것이기 때문이다. 그런 만큼 노는 것은 아주 가치가 큰 것이다.

그러면서 루소는 플라톤의 『국가론』*Poliiteiä*에 나오는 문구를 인용한다. "하루 종일 즐겁게 뛰어노는 것이 아무 가치도 없다는 말인가? 일생 중 아이는 이렇게 또 분주하지는 않을 것이다."『에밀』플라톤은 그토록 위엄 있는 작품으로 여겨지는『국가론』에서 아이들을 축제와 유희와 노래와 오락으로만 교육시킨다. 그는 아이들에게 즐기는 법을 가르치기 위해 최선을 다했다. 세네카Lucius Annaeus Seneca, BC.4~AD.65는 옛 로마 젊은이들에 대해 이렇게 말한다. "그들은 항상 서 있었다. 그들에게 앉아서 배워야 하는 것을 아무것도 가르치지 않았던 것이다. 그렇다고 그들이 성년에 이르렀을 때 더 모자란 점이 있었던가?"『에밀』루소는 그가 자주 찬미했던 스파르타인들의 교육을 예로 든다.

당신은, 아이를 먼저 악동으로 만들지 않고는 현명한 아이로 만들지 못할 것이다. 그것은 스파르타인들의 교육이기도 했다. 아이를 책에 묶어놓는 대신 스파르타인들은 저녁 식사를 도둑질하는 것부터 가르치기 시작했다. 그렇다고 해서 스파르타인들은 어른이 되어서도 예절을 모르는 버릇없는 인간이 되었던가? 그들의 강함과 임기응변의 기지를 모르는 사람이 어디 있던가? 언제나 이기도록 훈련된 그들은 모든 전쟁에서 적을 격퇴했으며, 수다쟁이 아테네인들은 그들의 공격만큼이나 그들의 말을 두려워했다.
·『에밀』

그러면서 루소는 이렇게 결론을 내린다.

그러므로 당신이 말하는 이른바 그 무위無爲를 두려워하지 마라. 인생 전체를 유익하게 이용하기 위해 잠을 한숨도 자려고 하지 않는 사람이 있다면, 당신은 그를 어떻게 생각할 것인가? 당신은 아마 이렇게 말할 것이다. '그 사람 미쳤어'라고. 그는 시간을 즐기지 않는다. 스스로 그것을 버린다. 그는 잠을 자지 않으려다 죽음으로 치닫는다. 지금 아이에게도 마찬가지다. 어린 시절은 그처럼 이성이 잠자는 시기라고 생각하라. 전혀 힘들이지 않고 배우는 것은 아이를 파멸시키는 원천이다.

· 『에밀』

## 자기 보존에 유용한 지식

루소에 따르면, 15세까지는 독서를 금해야 한다. 그러나 단 한 권의 예외가 있다. 루소 생각에, 그 책은 우리에게 필요하며 가장 훌륭한 자연 교육 개론서다. 그 책은 에밀이 읽게 될 최초의 책이 될 것이며, 그 책만이 오래도록 그의 책꽂이에 꽂혀 있을 것이다. "그 책은 자연과학에 대한 우리의 모든 이야기가 그것의 주석밖에 되지 않는 그런 텍스트일 것이다. ……우리의 취미가 망가지지 않는 한, 그 책을 읽는 것은 언제나 우리에게 즐거운 일일 것이다."『에밀』

도대체 그렇게 훌륭한 책은 어떤 책인가? 자연인에 관한 소설 『로빈슨 크루소』*The life and Strange Surprising Adventures of Robinson Crusoe*가 바로 그 책이다. 로빈슨 크루소는 섬에서 동료의 도움이나 어떤 기술도 도구도 없이 혼자서 생계와 자기 보존에 필요한 것들을 마련한다. 그는 거기에 그치지 않고 그 섬에서 안락함을 느낀다. 그것은 사회적 인간의 상태가 아니다. 하지만 "편견을 극복하고 사물의 진정한 관계를 판단하는 가장 확실한 방법은 자신을 고립된 사람의 위치에 놓아보는 것이며, 모든 일을 유용성을 기준으로 스스로 판단해보는 것"『에밀』이기에 이 소설은 어린 시절의 아이에게 오락거리인 동시에 교육거리가 된다.

　루소의 주장에 따르면, 선생과 학생 사이에는 다음과 같은 불문율이 있어야 한다. '그것이 어디에 유용한가?' 유용성에 기초하여 지리학이나 물리학 등을 가르칠 때에는 언제나 자기 주위에서 관찰할 수 있는 자연현상에서부터 시작해야 한다. 직접적인 경험을 통해 이해하기 위해서다. 루소는 그렇게 얻어지는 배움에 대해 이렇게 말한다.

　타인의 가르침에서 얻는 것들보다 스스로 배운 것들에 대해 더 명료하고 확실한 개념을 갖게 됨은 의심할 여지가 없다. ……모든 것을 주어지는 대로 받아들이기만 하면 우리의 정신은 무기력 속으로 침몰한다. 그것은 마치 언제나 하인이 옷을 입혀주고, 신발을 신겨주고, 말만 타고 다님으로써, 마침내 수족의 힘과 용도를 잃게 되는 사람의 육체와 같다. ……느리고 힘이 드는 이런 공부의 가장 뚜렷한 이점은 이론적인 공부를 하는 동안에도 끊임없이 신체를 활동하게 하고 수족에 유연성을 제공한다는 것이며, 인간에게 유익하게 사용되는 숙련된 손을 끊임없이 훈련시킨다는 것이다.

·『에밀』


　루소에 따르면, 아이에게 아이가 배워야 할 유용한 지식이 무엇
인지를 아주 잘 가르쳐주는 책이 바로 『로빈슨 크루소』라는 것이
다. 이 책이야말로 자기 보존에 유용한 모든 지식이 담겨 있기 때문
이다. 어린 시절에 유일하게 배워야 할 유용한 지식, 즉 자기 보존에
필요한 지식만을 가르칠 것을 권유하는 루소는 어른들의 과잉보호
에 대해서도 비판한다. 과잉보호는 인간사의 끊임없는 변화 속에서
아이가 스스로 어려움을 헤쳐 나가지 못하게 하고 아이를 자기 보
전의 무방비 상태에 노출시킬 것이기 때문이다.


　사람들은 자신의 아이를 보호할 생각만 한다. 그것만으로는 충분
하지 않다. 아이에게 어른이 되어서 자신을 보존하고 불행한 일
들을 참고 견디며 유복함과 궁색함을 무릅쓰는 법을 가르쳐주어
야 하며, 필요하면 아이슬란드의 빙산 속이나 몰타섬의 뜨거운
바위 위에서 사는 법도 가르쳐주어야 한다. ……아이에게 죽음을
막아주는 것보다 스스로 살게 하는 것이 더 중요하다. 산다는 것
은 그저 숨만 쉬는 것이 아니라 활동하는 것이다.

·『에밀』

THE
LIFE
AND
STRANGE SURPRIZING
ADVENTURES
OF
ROBINSON CRUSOE,
Of YORK, MARINER:

Who lived Eight and Twenty Years,
all alone in an un-inhabited Island on the
Coast of AMERICA, near the Mouth of
the Great River of OROONOQUE;

Having been caſt on Shore by Shipwreck, where-
in all the Men periſhed but himſelf.

WITH
An Account how he was at laſt as ſtrangely deli-
ver'd by PYRATES.

Written by Himſelf.

LONDON:
Printed for W. TAYLOR at the Ship in Pater-Noſter-
Row. MDCCXIX.

영국에서 출간된 『로빈슨 크루소』의 속표지.

## 아이들을 위한 행동 지침서

루소는 아이들이 『로빈슨 크루소』를 읽고 다음과 같이 행동하기를 원한다.

나는 에밀이 그 책에 심취해 끊임없이 그의 저택과 염소와 식물에 대해 생각하며, 책에서가 아닌 사물을 바탕으로 로빈슨 크루소 같은 상황에 처할 경우 알아야 할 모든 것을 자세히 배웠으면 한다. 또한 그가 자신이 로빈슨이라고 생각해 가죽옷을 걸치고, 큰 헝겊모자 하나와 긴 칼 하나를 허리춤에 찬 ……아주 우스꽝스런 형색의 자신의 모습을 상상해보았으면 한다. 나는 자기에게 이런저런 것들이 필요할 경우 그가 취해야 할 조치들에 대해 걱정하고, 그 책 주인공의 행동을 검토하여 빠뜨린 것은 없는지, 더 잘할 수는 없는지 등을 생각해보았으면 한다. 또한 그가 그 주인공의 실수를 주의 깊게 관찰하여, 자기 자신이 그 같은 실수를 범하지 않도록 타산지석으로 잘 이용했으면 한다. 마침내 그도 주인공과 같은 생활을 하러 가기 위해 계획을 세우리라는 것을 나는 의심하지 않는다. 그것은 필요한 것의 충족과 자유 외에 다른 행복을 알지 못하는 그 행복한 시기의 진정한 공상적 계획이다. 그런 터무니없는 생각은, 오로지 유리하게 사용하기 위해 그것을 만들어낼 줄 아는 유익한 사람에게는 얼마나 유용한 재산인가. 자신의 섬에서 필요한 것을 만들기에 바쁜 그는 그의 선생이 가르쳐주는 것 이상으로 더 열성적으로 배울 것이다. 그는 유용한 모든 것에 대해 알고 싶어 할 것이다.

·『에밀』

## 교육적인 활동

보통의 아이들처럼, 루소의 어린 학생 에밀은 아직 세상일에 대해서는 잘 모른다. 그러나 그는 자신의 안전과 생명 보존에 유용한 것에 대해서라면 모든 것을 잘 배운다. 자연에서 경험한 것을 통해 자신과 직접 관계하는 모든 것을 판단하고 예측하고 추리할 줄 알기 때문이다. 그렇게 일찍부터 자립 훈련이 된 에밀은 의타적이지 않다. 그는 쓸데없는 말을 지껄이는 것에 그치지 않고 행동한다. 에밀은 타인의 생각이 아닌 자기 자신의 생각에 따라 행동하며 끊임없이 생각과 행동을 연결한다. 건강하고 튼튼해질수록 그는 더 분별력이 있고 현명해진다. 많은 사람이 그것은 양립할 수 없다고 생각하지만, 거의 모든 위대한 사람이 겸비했던 것, 즉 신체의 힘과 정신의 힘, 현자의 이성과 운동선수의 기력을 미래에 갖추는 방법이다.

루소는 좁은 공간에서 선생의 말과 관념을 통한 암기식 교육, 따라서 곧 잊어버릴 게 뻔한 쓸데없는 지식보다는 아이에게 유익한 지식, 생명의 안전과 보전에 유용한 교육을 강조한다. 그렇기에 그는 아이에게 이런 것들을 가르치라고 조언한다.

먼저, 루소는 아이에게 수영을 배울 것을 권한다. 그에 따르면, 수영은 아이에게 가장 유익한 운동인데 아무도 배우려 하지 않는다. 수영은 돈이 전혀 들지 않기 때문이다. 반면 부모가 정성 들여 키운 젊은이들은 모두 승마를 배운다. 승마는 돈이 많이 드는 운동이다. 특권적인 교육일수록 언제나 가장 보편적인 것을 교육하기보다는 돈이 아주 많이 드는 교육을 좋아한다. 하지만 사실 가장 보편적인 교육이 가장 유익한 교육이다. 승마는 특별히 배우지 않아도 여행에 필요할 경우 서툰 솜씨로도 그럭저럭 말을 탈 수 있다. 그러나 물에 빠졌을 때는 사정이 다르다. 물속에서 수영을 할 줄 모르면 그대로 익사하고 만다. 수영은 미리 배우지 않으면 못하는 것이다. 결국 말을 타지 못해도 생명이 위험하지는 않다. 반면 익사의 위험을 벗어나기 위해서는 수영을 배워야 한다.

또 루소는 손을 사용하는 유용한 활동인 수공일을 권한다. 어른이 되어서 가난해지더라도 그가 먹고사는 데 이용할 수 있는 지식을 가르칠 필요가 있다. 필요할 경우 언제나 사용할 수 있도록 생존수단을 준비해놓아야 한다. 먹고살기 위해 지식을 위한 지식, 고도의 관념적인 지식을 가르치기보다는 실질적인 도움이 되는 수공일을 가르칠 것을 권한다. 그러면 모든 어려움은 사라질 것이다. 루소가 보기에, 생존에 필요한 것을 공급하는 일 중에서 자연 상태에 가장 가까운 것이 바로 목공일이나 제화공, 도로 포장공 같은 수공일과 농사짓는 일이다. 그에 따르면 "모든 신분 중에서 운명과 타인의 지배에서 가장 독립적인 신분은 장인이다. 장인은 그의 일에만 종속될 뿐이다. ……장인은 어디에서든 자신을 괴롭히려는 사람이 있으면 곧바로 짐을 싸 ……일손을 거두고 그곳을 떠나"『에밀』버리면 된다.

자유롭게 이동하기 힘들다는 점에서 수공일보다는 뒤지지만 농사 또한 더 말할 나위가 없다. 생존수단으로 가장 확실한 것이 농업이기 때문이다. 루소에 따르면 "농업은 인류 최초의 직업이다. 그것은 가장 유익하고 가장 정직한 직업이다. 그러므로 인간이 종사할 수 있는 가장 고귀한 직업이다."『에밀』 루소는 그의 어린 학생 에밀에게 이렇게 조언한다. "네 조상의 땅을 가꾸어라. 만일 네가 그 땅을 잃거나, 땅이 없다면 어떻게 할 것이냐? 그러면 직업을 배워라."『에밀』 여기에서 직업은 당연히 목공을 비롯한 수공일일 것이다. 결국 루소가 아이에게 가르치기를 바라는 것은 교실에서 암기를 통해 얻는 관념적이고 공허한 지식이 아니라 실용적인 지식, 즉 생존에 도움이 되는 지식이다.

루소가 아이에게 가르치라고 권하는 수영이나 수공일 그리고 농사짓기 등의 교육은 살면서 불의의 사고나 위험 및 가난에 처했을 때를 대비해 생존능력을 기르기 위한 교육이다. 루소는 아이가 15세까지 책을 멀리할 것을 주장하지만『로빈슨 크루소』만은 예외로 삼는다. 이 책이야말로 자기 보존에 유용한 모든 지식이 담겨 있어서 아이가 배워야 할 지식이 무엇인지를 아주 잘 가르쳐주고 있기 때문이다.

루소는 스스로도 『로빈슨 크루소』를 좋아했던 것 같다. 그는 이 소설을 통해 교육에 대한 자신의 견해를 명료하게 보여준다. 그뿐만 아니라 그는 이 소설에서 당시 자신에게 가해진 비난에 대한 위안과 자기변명의 논거를 발견한다.

그 루소 자신는 친구들과의 모임을 소중히 여겼지만, 때때로 그 모임에서 빠질 필요를 느꼈지요. 아마 그는 친구들과 함께 지내는 것보다 항상 혼자 사는 것을 더 좋아했던 것 같습니다. 그가 『로빈슨 크루소』라는 소설을 좋아했다는 사실을 통해, 나는 그가 무인도에 갇힌 로빈슨 크루소만큼 자신을 불행하게 생각하지는 않았다고 판단했지요. 야망도 허영심도 없지만 감수성이 예민한 사람에게, 사막에서 혼자 사는 것은 동료들 속에서 혼자 사는 것보다 더 잔인한 일도 더 어려운 일도 아닙니다. 고독한 은둔 생활에 대한 성향은 분명 전혀 사악하지도 않고 염세적이지도 않습니다.
·『루소, 장자크를 심판하다─대화』

## 8 이상적인 남편

### 소피의 남편

『에밀』에서 소피는 애인이자 남편이 될 사람을 찾는다. 그런데 그런 남자를 찾기가 쉽지 않다. 소피가 만났던 남자들은 하나같이 천박하고 허영심이 많으며, 말은 중언부언 조리가 없어 무슨 말인지 알아들을 수 없고 행동에는 규율이 없고 유행에 아주 민감했다. 그녀는 그런 그들이 싫었다. 그녀는 자신은 남자를 찾았으나 원숭이 같은 인간만을 발견했을 뿐이며, 진실한 영혼을 찾았지만 전혀 그런 영혼을 찾지 못했다고 했다. 소피는 어머니에게 아주 심각하게 말한다.

전 불쌍한 여자예요. 사랑이 필요한데 마음에 드는 남자를 찾지 못했어요. 저의 마음은 저의 관능을 유혹하는 남자를 모두 싫어해요. 저는 저의 욕망을 자극하는 사람도, 저의 욕망을 억제하는 사람도 싫어요. 존경이 없는 사랑은 오래 지속되지 못해요. ……저의 매혹적인 모델은 아주 일찍부터 저의 마음속에 새겨져 있어요.

저는 그런 남자만을 사랑할 수 있으며, 그런 남자만을 행복하게
해줄 수 있어요. 저는 그런 남자와 함께할 때만 행복할 수 있어요.
·『에밀』

소피를 그토록 매료시킨 그 사랑스러운 모델은 어떤 남자인가?
소피의 어머니는 딸이 고백하는 그 '매혹적인 모델'이 어떤 남자인
지 매우 궁금했다. 어머니는 소피에게 그가 누구인지 물었다. 소피
는 주저했다. 어머니는 또다시 물었다. 마침내 소피는 아무 말도 없
이 나가더니 잠시 뒤 책 한 권을 가슴에 품고 돌아왔다. 소피는 그
책을 책상 위에 조심스럽게 내려놓으면서 말했다. "엄마의 딸을 안
쓰러워해 주세요. 엄마 딸의 슬픔은 치유될 수 없어요. 눈물이 마르
지 않아요. 이유를 알고 싶으시겠지요. 그래요, 말씀드릴게요."『에밀』
그런데 소피가 가지고 돌아온 그 책은 바로 『텔레마코스의 모험』*Les
Aventures de Télémaque*이라는 책이었다. 그것은 그녀가 읽은 유일한 소설
이었다. 루소는 "정숙한 처녀는 소설을 읽어본 적이 전혀 없다"[1]면
서 정숙한 여인들에게 절대로 소설을 읽지 말 것을 권유하지만 『텔
레마코스의 모험』만은 예외였다.

어머니는 딸이 가져온 그 책이 아주 뜻밖이었다. 그 책에 대한 어
머니의 질문과 다소곳한 딸의 답변이 오간 뒤, 어머니는 자기 딸이
유카리스*Eucharis*, 텔레마코스가 칼립소의 섬에서 만나 사랑에 빠진 여인의 라이벌
이라는 것을 알게 되었다. 아버지를 찾아 떠난 그 모델이 칼립소 여
신의 섬에 도착했을 때, 그 여신은 단번에 그를 사랑하게 되었다. 사

---

1   루소, 김중현 옮김, 『신엘로이즈 1』, 책세상, 2012, 17쪽.

랑스런 그 모델은 바로 텔레마코스였다. 소피는 텔레마코스를 사랑하고 있었다. 그를 너무 사랑하여 그 무엇도 그녀의 슬픔을 치유할 수 없었다. 그녀는 텔레마코스에게 깊이 매료되어 있었던 것이다. 물론 소피는 텔레마코스가 현실 속의 남자가 아니라는 것을 잘 알고 있었다. 따라서 그런 남자를 찾을 수 없으리라는 것도 말이다. 그녀는 계속해서 어머니에게 이렇게 말한다.

저와 똑같은 준칙準則을 지니고 살거나 아니면 그 준칙을 지니고 살도록 제가 이끌 수 있는 남자를 제게 데려다주세요. 그러면 그 사람과 결혼하겠어요. 그때까지는 저를 꾸짖지 말아주세요. 저를 동정해주세요. 저는 안쓰러운 여자이지 무모한 여자는 아니에요. 마음은 의지에 달려 있지요? 아버님이 그렇게 말씀하시지 않았어요? 제가 존재하지 않는 사람을 사랑하고 있다면, 그게 제 잘못인가요? 저는 환상가가 아니에요. 저는 왕자를 원하지도 않아요. 저는 텔레마코스를 찾고 있지도 않아요. 저는 그가 허구의 인물에 불과하다는 것을 잘 알아요. 저는 그를 닮은 남자를 찾고 있는 거예요. 제 마음은 그 남자의 마음을 꼭 닮았다고 느끼고 있어요. 바로 그런 제가 존재하는데, 왜 그런 남자가 없겠어요? 그런 식으로 인류의 명예를 떨어뜨리지 마세요. 친절하고 덕성스러운 남자는 공상적일 뿐이라고 생각하지 마세요. 그런 남자는 존재하고 있어요. 그는 아마도 저를 찾고 있을 거예요. 그는 자신을 사랑할 수 있는 영혼을 찾고 있어요. 그가 누구냐고요? 어디에 살고 있냐

고요? 저도 몰라요. 지금까지 제가 본 남자 중에는 없어요. 물론 앞으로 볼 남자 중에도 없을 거예요. 오, 어머니! 왜 어머니는 제가 그토록 미덕을 사랑하게 만드셨어요? 제가 미덕만을 사랑한다면, 잘못은 저보다 어머니에게 있어요.

·『에밀』


## 페늘롱의 소설 『텔레마코스의 모험』

『텔레마코스의 모험』은 1699년에 발표된 페늘롱François de Salignac de La Mothe Fénelon, 1651~1715의 소설로, 호메로스Homeros, BC.800?~BC.750의 『오디세이아』*Odysseia*에서 영감을 받아 쓴 작품이다. 『오디세이아』는 고대를 통틀어 가장 유명한 영웅으로 평가되는 오디세우스의 아들 텔레마코스가 트로이 전쟁을 마치고 돌아오다 '행방불명이 된' 아버지를 찾아다니면서 겪는 갖은 고난과 모험을 담은 소설이다. 아테나는 텔레마코스를 수호하기 위해 여행길을 인도하는 오디세우스의 충실한 벗 멘토르멘토의 모습으로 변신한다. 제우스의 딸인 그녀는 멘토르로 변신하여 트로이 원정에서 그녀가 총애하던 오디세우스의 아들 텔레마코스를 돕는다.


## 페늘롱과의 인터뷰

과연 텔레마코스는 어떤 남자이기에 소피가 매료되어 그런 남자를 애인이자 남편으로 삼고 싶어 하는가? 이에 답하기 위해 당시 캉브레 대주교였던 『텔레마코스의 모험』 저자 페늘롱과 인터뷰 형식

▲ 유카리스에게 작별을 고하는 텔레마코스(자크루이 다비드 작).
▼ 텔레마코스와 멘토르(윌리엄 해밀턴 작).

으로 꾸며보았다.[2] 루이 14세의 손자인 부르고뉴 공작의 가정교사로 임명된 페늘롱은 자신이 번역한 『오디세이아』를 바탕으로 『텔레마코스의 모험』을 집필했다. 그는 이 작품으로 왕의 미움을 사 결국 부르고뉴 공작의 가정교사직과 은급을 박탈당한다.

**김중현** 대주교님 안녕하십니까?
**페늘롱** 안녕하세요?

**김중현** 먼저, 어떻게 해서 『텔레마코스의 모험』을 쓰게 되었는지 알고 싶습니다.
**페늘롱** 어린 부르고뉴 공작의 교육을 위해서였습니다. 아시다시피, 공작을 가르치다보니까 어려서인지 공부를 지겨워할 때가 많았어요. 한눈팔며 집중을 못 하는 때도 많았고요. 그래서 좀 더 쉽고 재미있게 가르치는 방법이 없을까 고민하다가 『텔레마코스의 모험』을 써보았지요.

**김중현** 흥미를 유발하기 위한 '쉽고 재미있는 교과서'였군요.
**페늘롱** 그렇다고도 할 수 있지요. 딱딱하고 재미없는 교과서로 가르치는 것보다는 이 방법을 이용하면 가르치고자 하는 것을 좀 더 자연스럽게 전달할 수 있을 테니까요. 저의 다른 작품들, 즉 『우화』 『아리스토노우스의 모험』 『죽은 이들의 대화』도 그와 같은 목적에서 동일한 방식으로 쓴 작품이라고 말할 수 있겠지요.

---

2  이 부분은 프랑수아 드 페늘롱, 김중현·최병곤 옮김, 『텔레마코스의 모험 2』, 책세상, 2017, 602쪽에 수록된 「지도자가 갖추어야 할 덕목과 인간성 회복을 위하여」를 보완했다.

누군가를 가르칠 때는 교육 방법도 많이 생각해보아야 합니다.

**김중현** 대주교님께서 이 분야의 선구자는 아니신지 모르겠네요?
**페늘롱** 글쎄요, 어쨌든 칭찬 감사합니다. 중요한 것은 어떻게 하면 어린 공작에게 내가 가르치고자 하는 것을 잘 이해시킬까 하는 것이었습니다. 사실, 당시엔 어린 공작이 좀 걱정이 됐습니다. 그는 미래에 나라를 다스려야 할 왕세자였기 때문이지요.

**김중현** 무슨 말씀이신지요? 당시 공작은 몇 살이었습니까?
**페늘롱** 열두 살이었지요. 그런데 성격이 그리 좋지 않았어요. 사실, 귀족 자제들 대부분이 제멋대로 자라 성격이 괴팍합니다. 물론 귀족으로서 지켜야 할 행동규범이 없지는 않았지만 그것은 대부분 자신들이 평민과 다르다는 차별의식을 교육하는 것에 불과했어요. 그러니까 엘리트 의식과 귀족으로서의 자존심을 지키게 하기 위한 내용이 주를 이루었지요. 함께 어울려 산다거나 타인을 배려한다거나 하는 교육은 거의 없었습니다. 그래서 그들은 매우 오만하고 이기적이었지요. 하물며 왕세자는 어땠겠습니까? 그를 훈계할 수 있는 사람은 아버지인 왕 정도지요. 가정교사였던 저도 조심스럽게 교육할 수밖에 없었어요. 왕세자였기에 제어하고 통제하는 데 한계가 있었지요. 어쨌든 어린 공작은 성격이 과격하고 끔찍했어요. 고집이 너무 셌고, 자신이 원하는 것이 조금이라도 충족되지 않으면 참지 못했습니다.

**김중현** 한마디로 안하무인眼下無人이었군요?

**페늘롱** 그렇습니다. 무서워할 대상이 누가 있습니까? 원하는 것을 충족시켜줄 수 없을 때는 단호하게 거절해야 합니다. 아이들의 요구를 충족시켜 주느냐 마느냐 하는 것은 물론 부모의 판단에 달려 있습니다. 그런데 원하는 대로 다 해줄 수는 없는 일 아닙니까? 왕세자의 그 욕망을 다스려줄 필요가 있는데 누구도 그렇게 할 수 없었지요. 어린 왕세자가 가끔씩 보이는 잔인한 행동에 섬쩍지근할 때가 한두 번이 아니었습니다. 아이들을 망치는 가장 확실한 방법은 아이가 해달라는 대로 다 해주는 것입니다.

**김중현** 걱정이 많이 되셨겠군요.

**페늘롱** 사실 이것이 공작 개인에 국한된 일이라면 아무 문제가 아닐 수 있어요. 공작은 자신의 욕망을 그런 식으로 충족하면서 살면 되니까요. 그러나 나라와 국민을 생각하면 문제는 전혀 달라집니다. 공작이 커서 나라를 다스리게 될 때를 생각하면 말입니다. 자신의 욕망을 제어하지 못하는 왕이 나라와 국민을 다스린다면 그들은 도대체 어떻게 되겠습니까? 저 개인적으로는 이것이 가장 큰 문제였고, 가장 걱정스러운 부분이었습니다. 그 같은 상황을 막는 것은 저의 중요한 책무이기도 했습니다. 저는 물론 종교인이지만 지식인이기도 하지요. 한 나라의 지식인 노릇을 올바로 하려면 어떻게 행동해야 하는지 다 알고 있지 않습니까? 적어도 곡학아세曲學阿世는 하지 말아야 하는 것 아닙니까? 정의가 바로 서는 데 크게 기여하지는 못할지라도 말입니다. 그 시대처럼 왕이 모든 권력을 행사하는 상황에서는 왕의 행실이 국민의 행복과 직결됩니다. 따라서 지식인으로서 내가 할 일은 왕자의 가정교사라는 직책을 활용해 왕자가 덕치德治를 하는 왕이 되도록 올바로 교육하는 것이었습니다.

**김중현** 그러니까 미래에 왕이 될 공작의 성격을 순화해 그가 나라를 잘 다스리는 법을 배우도록 『텔레마코스의 모험』을 쓰신 것이군요?

**페늘롱** 그렇지요. 제 책은 효성이 지극한 텔레마코스가 갖은 고생을 하며 아버지를 찾아 돌아다니는 이야기를 주된 줄거리로 삼고 있지만, 정치적인 이야기가 많이 담겨 있습니다. 나라를 어떻게 하면 아주 훌륭하게 다스릴 수 있는지에 대한 이야기 말입니다. 좀 더 그 범위를 넓히면 지도자의 행동준칙에 관한 이야기이기도 하지요.

**김중현** 그러면 대주교님께서는 지도자가 갖추어야 할 덕목이 한마디로 뭐라고 생각하십니까?

**페늘롱** 봉사정신과 희생정신입니다. 주어진 권력을 자기 자신의 이익을 위해 사용하지 않는 것입니다. 앞에서도 언급했지만 곡학아세하지 않는 것입니다. 신을 두려워하며 백성을 하늘처럼 모시는 것입니다. 통치자는 어떤 목표를 가지고 나라를 다스려야 하는지

정확히 알아야 합니다. 그런데 통치의 가장 중요한 목표는 바로 권력과 권세를 자기 자신을 위해 쓰지 않는 것입니다. 왜냐하면 이런 야심은 자신의 전제적인 오만함만 만족시킬 뿐이기 때문이지요. 백성을 선량하게 만들고 행복하게 해주기 위해서는 무한한 노고가 요구되기에, 당연히 자기희생이 필요합니다. 그렇지 않을 경우 평생 대중없이 되는대로 행동하게 됩니다. 이런 지도자는 근처에 무엇이 있는지도 모르면서 별자리도 참조하지 않고 키잡이 없이 표류하는 배와 같습니다. 이러한 배는 난파당할 수밖에 없지 않겠습니까. 흔히 지도자는 진정한 미덕이 무엇인지 모르기 때문에 인간에게서 찾아야 할 것이 무엇인지 모릅니다. 진정한 미덕은 지도자에게 너무 가혹하고 엄하고 제멋대로인 것처럼 보일 수 있지요. 이는 그를 두렵게 하고 기분 상하게 합니다. 그래서 그들은 아첨으로 눈을 돌립니다. 그때부터 그는 진실도 미덕도 알아보지 못하고, 헛된 영광의 덧없는 환영만 쫓게 됩니다.

**김중현** 대주교님의 생각에 따르면, 지도자는 금욕적인 삶을 살아야겠군요?

**페늘롱** 그렇습니다. 지도자의 길은 그래야 합니다. 공익을 위해 자기를 희생해야 하지요. 자신의 권력을 타인을 행복하게 만들기 위해 이용해야지 자신의 이득을 위해 이용해서는 안 됩니다. 공익을 위해 자신을 희생하는 것이야말로 지도자의 진정한 명예이자 영광이기 때문입니다.

**김중현** 대주교님의 그 같은 생각 때문에 당시 왕과 귀족들에게서 곱지 않은 시선을 받았겠어요?

**페늘롱** 그럴 수밖에요. 프랑스 전성기 시절의 왕이었던 루이 14세는 손자의 교육을 위해 쓴 책임을 감안해도 이 책이 마음에 들지 않았을 것입니다. 아시다시피 '태양왕'으로서 끝 모를 권력을 행사하며 백성에게 추앙받은 왕인데, 백성을 하늘처럼 모시라는 제 이야기가 어떻게 들렸겠습니까? 게다가 책 내용의 거의 대부분이 그의 통치 양식과는 반대되는 내용이니까요. 사실 그의 통치에 대해 비판하려는 의도도 있었던 점을 부인하고 싶지는 않습니다. 당시 절대 왕정과 통치 제도는 바람직하지 못했어요. 어쨌든 절대 왕정에 대해 공개적으로 풍자한 내 책을 거북해하던 왕은 곧 내게서 공작의 가정교사직을 박탈했지요.

**김중현** 공작의 교육을 위해 호메로스의 『오디세이아』도 번역하셨지요?

**페늘롱** 그렇습니다. 이 번역은 『텔레마코스의 모험』 집필에 큰 도움이 되었지요. 그 번역을 바탕으로 이 작품을 쓴 것이니까요. 그렇지만 서로 많이 다릅니다. 줄거리가 다르다는 것이 아니라 전하고자 하는 메시지가 다르다는 것이지요. 아버지를 찾아 지중해 연안을 헤매는 줄거리는 비슷하지만 이 줄거리에 내포된 철학은 아주 다릅니다. 어떻게 보면 저만의 철학을 가미했다고 말하는 것이 더 옳을지도 모르겠습니다. 그러니까 호메로스의 『오디세이아』를 제 방식으로 해석해서 쓴 것이지요. 물론 교육을 위해서 말이에요. 얼마 전에 쾰마이어$^{Michael\ Köhlmeier,\ 1949\sim}$라는 오스트리아 작가도 현대인의 정서에 맞게 자기 방식으로 『텔레마크』$^{Telemach}$를 썼더군요. 그 책도 호메로스의 작품을 바탕으로 쓴 거예요. 어쨌든 나는 종교인으로서, 교육자로서 내 책을 썼지요. 당장 내 학생에게 가르치기 위해 쓴 것이었기에 좀 더 도덕적이고 교육적이지요. 신을 예찬하는 것도 빼놓을 수 없는 문제 아니겠습니까?

**김중현** 아주 훌륭한 '가정교사'셨군요. 요즘 시대에 강단에 서셨다면 '훌륭한 멘토'가 되셨겠어요.

**페늘롱** 칭찬해주셔서 고맙습니다.

**김중현** 대주교님께서는 혹시 장자크 루소가 대주교님의 책을 극찬하셨다는 걸 알고 계십니까?

**페늘롱** 아, 『에밀』에서요?

**김중현** 네, 아시겠지만 루소는 아이들에게 책을 읽으라고 강요하는 것을 매우 싫어했잖아요? 자연에서 직접 경험하여 진리를 찾게 하라고 말하지 않았습니까?

**페늘롱** 그렇습니다. 루소가 말하는 경험과는 의미가 좀 다르지만 저도 경험을 중시했지요. 고생해보지 않은 사람은 인생을 제대로 알지 못하며 타인의 어려움을 이해하지 못하기 때문이지요. 그러니 어려움에 처한 타인에 대한 공감능력이 결핍되어 동정심이 생기지 않겠지요.

**김중현** 루소는 바로 텔레마코스의 고생과 이 고생을 극복하는 태도를 좋아했던 것 같습니다. 그의 저서 『에밀』의 주인공 에밀을 텔레마코스와 비슷한 인물로 묘사하고 있는 것을 보면 말입니다. 에밀이 텔레마코스 같은 인물이기를 바랐던 것이지요.

**페늘롱** 그래서 그런지 그 책에 나오는 인물 소피는 텔레마코스 같은 남자를 찾고 있더군요. 그런데 사실 에밀은 텔레마코스 같은 인물이기도 합니다. 루소의 치밀한 자연 교육 프로그램을 통해 선량함과 덕을 갖춘 청년으로 성장했으니까요. 그리고 에밀에게도 『텔레마코스의 모험』을 계속해서 읽게 하더군요.

소피는 내가 쓴 책을 너무 많이 읽었던 것 같습니다. 『에밀』의 이런 대목을 보면 말입니다.

"소피는 텔레마코스를 너무나 사랑했다. 너무나 열정적으로 사랑하여 어떤 것도 그녀의 사랑을 치유할 수 없었다. 그녀의 부모는 그녀의 그런 열정을 알고 웃으면서 이성을 통해 딸의 정신을 차리게 할 수 있으리라 생각했다."

아무튼 부럽기도 하군요. 소피같이 순결한 여성의 간절한 사랑을 받다니 말이에요. 소피는 텔레마코스 같은 남자를 찾을 수 있을 거예요. 그만한 미덕을 갖췄기 때문이기도 하지만, 그런 남자가 세상에 살고 있으리라는 것을 확신하기 때문이지요.

**김중현** 루소는 청소년들이 읽어도 좋은 책으로 단 두 권을 꼽았는데, 그중 한 권이 선생님의 책입니다.

**페늘롱** 과찬입니다. 다른 한 권은 무엇인가요?

**김중현** 『로빈슨 크루소』입니다.

**페늘롱** 아, 그래요? 아주 훌륭한 책이지요. 그 인물도 내 책의 텔레마코스처럼 많은 역경을 극복하지요. 루소가 그 책을 좋아한 것은 아마 무인지경에 혼자 떨어진 주인공이 자연에서 생존 방법을 터득하는 과정을 보여주기 때문이겠지요. 생존에 필요한 지식을 자연에서 직접 경험하며 깨우치는 과정을 보여주는 것은 청소년에게 매우 교육적이잖습니까. 로빈슨 크루소의 자연 교육은 비록 진퇴양난의 상황에서 '강요된' 자연 교육이기는 하지만 결과적으로 루소가 주장하는 교육 방법과 어느 정도 상통하지요.

**김중현** 좀 빗나간 질문일지 모르지만 대주교님이 사셨을 때와 비교해 지금 세상이 많이 나아졌다고 생각하십니까?

**페늘롱** 어떤 점에서요?

**김중현** 지도자들의 행동에서요.

**페늘롱** 글쎄요. 비교하기는 쉽지 않지만, 어쨌든 많이 나아졌다고 보아야겠지요. 적어도 국민의 의사가 선거를 통해 반영되니까요. 다시 말해, 앞에서도 루소의 책에 대해 이야기를 나누었지만 그를 비롯한 인류의 훌륭한 선조들 덕택에 그들의 이론을 바탕으로 한 민주주의가 많은 곳에 정착되어 국민들의 의사에 귀 기울이니까요. 적어도 지도자들이 자신들의 권력이 국민에게서 나온다는 것을 알고 있지 않습니까. 따라서 그들의 눈치를 어떤 식으로든 보지 않을 수 없고요. 물론 지도자들이 자신의 이익을 충족한 뒤, 다시 말해 선거를 통해 자신의 권력을 획득한 뒤의 행동에 관해 묻는 것이겠지요?

**김중현** 네, 그렇습니다. 많은 경우 선거를 통해 권력을 얻기 전까지는 대주교님 말씀처럼 국민을 하늘같이 모시겠다고 하지요.
**페늘롱** 그 차원에서 보면 어디를 가나 이른바 지도자라는 사람들은 그런 행태를 보이더군요.

**김중현** 이러한 상황에서 대주교님께서 말씀하신 지도자가 갖추어야 할 행동준칙들이 얼마나 주효할까요?
**페늘롱** 어려운 질문이군요. 현대의 인간은 어쨌든 이익을 쫓아가니까요. 이익 획득이 주요한 행동준칙이 되어버린 현대 자본주의 사회에서는 물론 이성의 한계 문제도 생각해보지 않을 수 없지요. 이익 앞에서 이성이 어디까지 버티느냐 하는 문제 말이에요. 이익 앞에서는 양심도 아주 쉽게 버리는 시대가 지금 아닙니까? 그런데 어떻게 보면 오히려 이런 세상이기 때문에 내 준칙이 더 순수하고 신선하게 보일지 모르겠습니다. 이해득실을 철저히 따지는 형태에 의해 많이 훼손된 인간 세상의 순수와 인간성을 회복하자는 주장이 될 수도 있을 테니까요. 어쨌든 인간에게는 순수와 인간성, 미덕 등에 대한 향수는 있는 것 같습니다. 이런 사실을 보면 인간은 처음부터 악하지는 않은 것 같습니다.

내 준칙들을 많은 사람이 읽고 성찰해보았으면 합니다. 인류가 훼손한, 아니 잃어버린 순수한 가치들을 되돌아보는 기회를 제공해줄 것이기 때문이지요. 비록 우리가 텔레마코스처럼 왕자나 왕은 아니지만 우리 모두에게는 그와 똑같은 의무가 있습니다.

**김중현** 좋은 말씀 감사합니다. 그럼, 안녕히 계십시오.

**페늘롱** 내 준칙을 당신 나라의 언어로 전할 수 있게 해줘서 고맙소. 잘 가시오.

## 남편으로는 이런 청년을

에밀은 루소의 주도면밀한 교육으로, 텔레마코스는 멘토르의 조언과 도움으로 둘 다 덕이 있는 청년이 되었다. 루소는 미덕을 진실하게 행동하는 것, 절도 있게 행동하는 것, 용감하게 행동하는 것 등의 복합체라고 설명한다. 또 루소는 덕이 있는 인간을 이렇게 묘사한다. "덕이 있는 인간이란 도대체 어떤 인간인가? 그것은 자신의 감정을 억제할 줄 아는 사람이다. 왜냐하면 그때 인간은 자신의 이성과 양심에 따르며, 의무를 다하고 질서 속에 있으며, 어떤 것도 그를 그 질서에서 벗어나게 하지 못하기 때문이다."『에밀』 자기 자신의 마음을 다스릴 줄 아는 것, 따라서 자기 자신과의 싸움에서 이기는 것 바로 그것이 루소에게는 덕이 있는 인간이 되기 위한 기본 조건이다. 그런 사람이야말로 스스로의 주인이 되어 자기 자신에게서 자유로울 것이기에 진정으로 자유로운 사람인 것이다. 몽테뉴<sup>Michel Eyquem de Montaigne, 1533~92</sup>의 생각처럼 말이다. "진정한 자유는 자기 자신에 대해 전적인 권한을 지니는 것이다. 가장 강한 자는 스스로를 자기 권한 속에 지니는 자다."[3]

소피는 마침내 그녀의 이상형인 텔레마코스 같은 남자를 만난다. 바로 에밀이다. 미덕을 사랑하며 스스로도 그 미덕을 지닌 풋풋한 청년 에밀은 이런 모습으로 스무 살의 소피를 매료시킨다.

> 그 청년의 순수한 열정은 모두를 매료시켰다. 하지만 청년의 선량한 마음의 증표에 누구보다도 더 감동한 그 처녀<sup>소피</sup>는 필로크레테스[4]의 불행에 대해 몹시 슬퍼하는 텔레마코스를 보고 있는 것 같았다. 그녀는 몰래 그 청년의 얼굴을 살펴보기 위해 그에게로 눈을 돌렸다. 그 얼굴에서 그녀는 자신의 비교<sup>에밀을 텔레마코스와 비교하는 일</sup>와 어긋나는 것을 아무것도 발견하지 못했다. 그의 자연스러운 품행에는 거만이 없는 자유로움이 있었고, 그의 태도는 활달했지만 경솔함이 없었다. 그의 감수성은 시선을 더 부드럽게 만들었으며, 얼굴을 더 매력적으로 만들었다. 그가 눈물을 흘리는 것을 보면서 그 처녀도 그만 눈물을 흘릴 뻔했다.
>
> ·『에밀』

---

3 몽테뉴, 손우성 옮김, 『수상록』, 동서문화사, 2005, 1203쪽.
4 트로이 전쟁의 영웅으로 활의 명수다. 원정 도중 독사에게 발을 물려 렘노스섬에 버려졌다. 10년이 지난 뒤, 그가 가지고 있는 헤라클레스의 활과 화살이 필요하자 그리스군에게 복귀되어 병을 고친 뒤 트로이 함락에 협력했다.

# 9 이상적인 아내

## 아내의 용모

에밀은 모방과는 거리가 멀며 어떠한 유혹과 공격, 그리고 세간의 조롱에도 흔들림 없는 꿋꿋한 청년이 되었다. 그의 마음은 균형 잡혀 있으며, 평화로웠다. 에밀은 이제 어른이 되었고 사회로 나아갈 준비가 어느 정도 되어 있었다. 그러니 결혼에 대해 생각해볼 때도 되었다. 루소에 따르면, 결혼은 자연의 첫 번째 제도이자 가장 성스런 제도다.

에밀은 어떤 여자를 원할까? 에밀보다 신분이 높은 여자일까? 에밀보다 더 영리하고 더 많은 교육을 받은 사람일까? 루소는 남자들의 생각과는 달리 아내 될 사람의 용모는 맨 나중에 고려해야 할 사항이라고 했다. 아름다움은 소유하게 되면 신속히 무뎌지는 속성이 있다. 마치 식당에 막 들어섰을 때 진하게 나던 된장찌개나 김치찌개 냄새가 시간이 지날수록 잘 느껴지지 않는 것처럼 말이다. 루소의 말을 들어보자.

용모는 강한 인상을 주는 첫 번째 요소겠지만, 마지막에 고려해야 할 사항이다. 하지만 그 문제를 아무것도 아닌 것으로 여겨서는 안 된다. 결혼을 할 때 아내의 빼어난 미모는 추구해야 할 것이라기보다는 오히려 피해야 할 사항이다. 아름다움이라는 것은 소유하게 되면 신속히 무뎌진다. 6주만 지나면 아내의 아름다움은 남편에게는 아무것도 아닌 것이 되어버린다.

·『에밀』

6주라는 기간이 어떻게 도출되었는지는 모르지만, 같이 살게 되면 아내가 아름답다는 생각이 그렇게 오래가지 않는다는 것이다. 후각처럼 시각이 무뎌져서 그런지 아니면 한 달 반 정도 같이 살다 보면 볼 것 못 볼 것 다 보게 되어서 그런지는 잘 모르겠다.

루소에 따르면, 아름다움이 야기하는 위험은 미모가 빼어난 아내와 함께 사는 한 지속된다. 아름다운 여자가 천사가 아닌 이상, 그녀의 남편은 남자들 중 가장 불행하다. 설령 그녀가 천사 같은 여자라 할지라도 자신 때문에 남편이 끊임없이 경쟁자들에게 둘러싸이는 고통을 막아줄 수는 없기 때문이다. 남편 이외의 다른 남자들은 그녀를 가끔씩 보기에 그들에게는 늘 아름다워보일 것이다. 그들은 그녀를 유혹하기 위해 끊임없이 다가올 것이다. 그러면 남편은 질투심에 사로잡힐 것이고, 심하면 의처증에 시달리기까지 할 것이다. 그렇게 남편은 아내를 의심하면서 고통 속에서 살아가야 한다.

그러니 루소는 극도로 못생겨서 역겨움을 느낄 정도가 아니라면 극도의 아름다움보다 차라리 못생긴 여자를 택하라고 말한다. 그 이유는 이렇다. "혐오감을 불러일으키는 못생김은 불행 중 가장 큰 불행이다. 그 혐오감은 사라지기는커녕 계속해서 커지는 것이어서 마침내 증오로 변하기 때문이다. 그와 같은 결혼은 지옥이다. 그런 결혼을 하느니 차라리 죽고 말 일이다."『에밀』

### 아내로는 이런 아가씨를

아내를 택할 때 빼어난 미모를 지닌 여자는 오히려 피하라고 조언하는 루소. 혐오감을 불러일으킬 정도로 못생긴 사람과 결혼할 바에는 차라리 죽고 말겠다는 루소. 그렇다면 그는 어떤 여자를 택하라고 조언하는가? 그는 이렇게 조언한다.

모든 면에서 평범함을 추구하라. 사랑을 자극하는 얼굴보다 호감을 주는 상냥하고 애교 만점인 얼굴을 택하라. ……그런 얼굴은 남편에게 폐를 끼치지 않으며, 그런 얼굴의 유리한 점은 둘 모두에게 도움이 되기 때문이다.

·『에밀』

루소는 미모보다 매력에 주목하라고 말한다. 여자의 '난폭성'은 바로 매력에 있으며, 여자의 매력은 남자를 힘나게 하기 때문이다. 루소는 매력의 힘에 대해 이렇게 평가한다.

매력은 아름다움과는 달리 마모되지 않는다. 그것은 생명이 있으며, 끊임없이 새로워진다. 결혼하고 30년이 지날지라도, 매력을 가진 정숙한 여자는 결혼 첫날밤처럼 남편의 사랑을 받는다.

·『에밀』

그러면서 루소는 소피 같은 여자를 아내로 택하라고 조언한다. 소피는 바로 그런 매력 있는 여자이기 때문이다.

그녀는 출생 신분과 재능에서 그<sup>에밀</sup>와 차이가 없을 것이며, 재산에서는 그보다 못할 것이다. 그녀는 첫눈에 황홀 속에 빠져들게 하는 여자는 아니다. 하지만 날이 갈수록 그녀는 더 그의 마음에 들 것이다. 그녀의 매력은 친밀한 교제 속에서만 서서히 그 효력을 드러낸다. ……그녀의 교육은 화려하지도 허술하지도 않다. 그녀는 학문은 없지만 좋은 취향을 지니고 있으며…… 지식은 없지만 훌륭한 판단력을 갖추고 있다. 그녀는 지적으로 아는 것이 별로 없지만 배울 준비가 되어 있다. 그녀는 수확을 선물하기 위해 씨앗을 뿌리기만 기다리고 있는 옥토 같다.

·『에밀』

**루소의 여성관**

에밀이 20세가 되어 이성에 관심을 갖게 될 무렵, 그의 스승 루소는 에밀의 아내가 될 여자에 대해 고민한다. 그러면서 루소는 여성의 덕목에 대한 자신의 생각을 피력한다. 그런데 루소의 여성관은 때로 시대에 뒤떨어져 보이기도 한다. 특히 다음과 같은 관점들이 그렇다. 루소는 사랑의 법칙보다 앞서는 자연의 법칙을 그 근거로 내세우지만 불편한 부분이 있는 것만은 분명하다.

성이 결합할 때 각 성은 공동의 목적에 협력하지만, 협력하는 방식은 다르다. 그 방식의 다름에서 두 성의 윤리적 관계에 부여할 수 있는 최초의 차이가 생겨난다. 남성은 능동적이고 강해야 하며, 여성은 수동적이고 약해야 한다. 따라서 필연적으로 남성은 원하는 바를 할 수 있어야 하며, 여성은 저항하지 않는 것만으로 충분하다. 이 원칙이 확고부동하다면, **여성은 특히 남성의 마음에 들기 위해 만들어졌다는 결과가 나온다. 남성 역시 여성의 마음에 들어야 하겠지만, 그 필요성은 덜하다.**

· 『에밀』

루소의 여성관을 보여주는 구문을 하나 더 보면 다음과 같다.

어느 쪽에도 결혼서약을 어기는 일은 허락되지 않는다. ……**하지만 부정한 아내의 폐해는 그 이상이다.** 그런 여자는 가족을 해체하며, 자연과의 모든 유대를 끊어버린다. 남편에게 그의 아이가 아닌 아이를 낳아줄 경우, 그녀는 모두를 속여 부정에 배신을 더하는 것이 된다. 얼마나 큰 혼란과 범죄가 그 죄악과 관련이 있는

지. 세상에 어떤 끔찍한 상태가 있다면, 그것은 자기 아내를 믿지 못해서 그녀의 가장 다감한 감정을 감히 탐닉하지 못하는 불쌍한 남편, 자신의 아이를 안아주면서 다른 남자의 아이를 안아주는 것은 아닌지 의심하는 불행한 어떤 아버지의 상태다. 부정한 아내로 말미암아 가족이 서로 사랑하는 척하지만 서로를 경계하는 은밀한 적들의 모임이 되어버렸다면, 그 가족은 무엇이란 말인가?

· 『에밀』

루소는 많이 배우고 재능 있는 여자들에 대해서도 비판적으로 말한다. 이 역시 환영받지 못할 관점이다.

**재능 있는 여자는 그녀의 남편과 아이들과 친구들과 하인들 및 그 밖의 모든 사람에게 재앙이다.** 그녀는 자신의 뛰어난 재능과 탁월한 교양으로 여자로서의 모든 의무를 경시하며, 랑클로 양처럼 항상 자신을 남자처럼 보이게 하는 일부터 한다. 그러니 집 밖에서 그녀는 항상 우스꽝스럽다는 비판을 받는데, 그것은 아주 당연한 일이다. **여자는 자신의 신분을 벗어나면 그렇게 우스꽝스러울 수밖에 없기 때문이**며, 그런 여자는 남자들의 결혼상대로 적당하지 않기 때문이다.

· 『에밀』

랑클로 양은 17세기 프랑스의 귀부인이었는데, 남성에게 얽매이지 않는 자유로운 생활을 관철함으로써 사교계에 큰 물의를 빚기도 했다. 하지만 당시 사람들은 솔직하고 곧으며 신뢰와 우정에 충실한 그녀를 칭찬했다고 한다. 그 높은 평판에도 루소는 그녀에 대해 비판적이다. 그것은 무엇보다 그녀가 남자처럼 행동함으로써 여자의 미덕을 경멸했기 때문이다. 루소는 그녀를 비꼬듯 "그런 남자 같은 여인을 내 친구로도 애인으로도 삼고 싶지 않다"고 일갈한다.

이것은 어떻게 보면 여성성과 관련된 문제다. 여성성에 대해 루소가 가장 중요하게 여기는 덕목은 여성의 수줍음이다. 그가 생각하기에 수줍음은 얌전함과 함께 남자를 굴복시키도록 자연이 여성에게 부여한 고유한 무기다. 그러니 수줍음이 많지 않은 여성은 여성이 지닌 아주 강력한 무기를 잃은 것이다. 루소는 남자들에게 이렇게 조언한다.

아직도 수줍음을 지니고 있으며, 자신의 실수를 자랑으로 여기지 않으며, 자신의 욕망을 불러일으키는 사람에게조차 자신의 그 욕망을 숨길 줄 아는 여자, 아주 힘들게 고백을 끌어낼 수 있는 그런 여자들은 아주 진실하고 정숙하며, 자신의 모든 약속에 변함이 없는 여자들이다. 그러므로 일반적으로 약속을 가장 믿을 수 있는 여자들이다.

· 『에밀』

루소는 여자들에게도 다음과 같이 조언한다. 그런데 이 조언은 앞

선 그의 여성관과는 정반대되는 것으로, 보부아르<sup>Simone de Beauvoir,</sup>
<sup>1908~86</sup>의 '타자화된 여성'을 환기시킨다. 그녀는 여성의 본성이라
여겨지는 것들은 가부장적인 남성우월주의 문명에 의해 조작되었다
고 지적했다.

당신이 여자라면 여성인 것을 자랑으로 생각하라. 그러면 하늘이
당신에게 부여한 사회적 신분이 어떠하든 당신은 그와 상관없이
선량한 여자가 될 것이다. 중요한 것은 자연이 만든 바대로 있는
것이다. 여자들은 너무나 남자들이 원하는 바대로의 인간이 되기
때문이다.
·『에밀』

## 스스로를 다스리는 일

루소는 곧 사회로 나가고 또 결혼을 하게 될 에밀에게 허황된 꿈
을 꾸지 말고 자신의 처지에 만족하며 살라고 조언한다. 허황된 욕
망을 품는 것은 스스로를 다스릴 줄 모르는 일이며 덕 있는 사람의
처신이 아니기 때문이다. 물론 이 조언은 에밀과 결혼하게 될 소피
에게 해주는 조언이기도 하다.

너의 마음을 인간 처지의 한계를 넘어서게 하지 마라. ……그 한
계가 아무리 좁더라도 그 안에 자기를 국한시키는 한 사람은 불
행하지 않다. 그 한계를 넘어서길 원할 때 사람은 불행해진다. 엉

뚱한 욕망으로 가능하지 않은 것을 가능한 것처럼 생각할 때 그들은 불행하다. 인간으로서 자신의 처지를 잊고 상상적인 상황을 마음속에 품을 때 사람은 불행하다. ……오만함에서 오는 환상은 우리의 가장 큰 불행의 기원이다. 하지만 인간의 보잘것없음에 대한 관조는 현명한 인간들을 겸허하게 만든다. ……너 자신이 얻을 수 없는 것을 갖기 위해 쓸데없이 힘을 낭비하지 마라. 너 자신이 지니고 있는 것을 잘 간직하는 데 모든 힘을 사용하라. 그러므로 너는 우리보다 더 적게 원하기에 우리보다 더 강하고 더 부유한 것이다. 덧없이 사라질 존재인 내가, 모든 것이 변하며 모든 것이 순간적인 이 지상에서 영원한 구속의 끈을 마음속에 만들어서 무엇 하겠냐?

·『에밀』

루소는 자신의 학생이 행복하고 슬기롭게 살기를 바라면서 조언을 이어간다. 역경 속에서도 의무와 미덕을 결코 내치지 말고 일정한 거리를 두고 삶을 바라보라고 강조한다. 루소는 삶에 대한 자신의 심오한 성찰을 그의 학생에게만 들려주고 싶지는 않을 것이다.

사라지지 않는 아름다움 이외의 것에는 애착을 품지 마라. ……너의 의무가 너의 바람보다 앞서게 하라. ……네게서 없어질 수 있는 것을 잃는 법을 배우라. 미덕이 명령하면 모든 것을 버리는 법을 배우라. 삶의 모든 것을 관조함으로써 그것이 너의 마음을 갈기갈기 찢어놓지 않도록 초탈하는 법을 배우라. 역경 속에서도 꿋꿋해지는 법을 배우라. 결코 죄를 짓지 않도록 의무 앞에서 흔들리지 않는 법을 배우라. 그러면 너는 운명에 아랑곳하지 않고 행복할 것이며, 정념에 아랑곳하지 않고 정숙할 것이다.

· 『에밀』

## 10 돈의 굴레

### 가족을 부양하기 위한 돈벌이

루소는 10세 때 아버지가 떠난 뒤 12세 때부터 생계를 위한 밥벌이를 시작한다. 법무사 마스롱의 사무실에서 수습서기로 일하기 시작한 그는 이어 조각사 뒤코묑의 견습공으로 일한다. 주인의 학대로 그곳을 도망쳐 나온 그는 다시 얼마가 지난 뒤 베르첼리스 부인의 집에서 하인으로 일한다. 루소는 다시 구본 백작의 하인으로 일을 하다가 그의 아들 구본 사제의 비서가 된다. 이어 바소르 드 빌뇌브라는 가명으로 음악 개인교사를 하다가 스위스의 한 대령의 조카 집에서 또다시 하인으로 일한다. 그러다가 19세 때는 바랑 부인의 소개로 사부아 지방의 측지소測地所에서 일한다.

28세 때는 한동안 리옹의 법원장 마블리 씨의 집에서 두 아들의 가정교사로 지낸다. 3년 뒤에는 당시 베네치아 대사인 몽테귀 백작의 제안으로 베네치아 대사관에서 일한다. 3년 뒤인 34세 때는 슈농소에 있는 뒤팽 부인과 그녀의 조카의 비서로 일한다. 1750년, 디종 아카데미의 논문 공모에서 일등상을 받은 그의 출세작『학문과 예술에 대하여』를 출간한 뒤로 원고료를 받아 살아가지만 돈이 떨어지면 악보 필사로 생활비를 벌었다. 루소는 악보 필사일을 죽을 때까지 계속한다.

이처럼 루소의 직업은 아주 다양했다. 아니, 직업이라기보다는 생계유지를 위한 돈벌이 수단이었다고 해야 할 것이다. 바랑 부인 곁을 떠나기 전까지 몇 년 동안 부인의 도움을 받은 것은 앞서 이야기한 바와 같다. 하지만 부인 곁을 떠난 뒤로 그는 이렇게 결심한다.

나는 남에게 의존하는 일이 불편했고 다시는 그렇게 살지 않기로 굳게 결심했다.
·『고백』

루소는 타인에게 손을 벌리지 않기 위해 노력했다. 루소는 30세에 테레즈 드 바쇠르를 만나 함께 살게 된다. 그는 그 뒤로 그녀의 가족까지 부양해야 했다. 테레즈의 아버지는 오를레앙 조폐국의 공무원이었고 어머니는 상인이었다. 오를레앙 조폐국이 잘 운영되지 않자, 아버지는 일을 그만두었고 어머니도 사업 실패로 장사를 접는다. 테레즈는 파리 여관에서 세탁일을 하며 부모와 함께 살고 있었다. 루소는 그 시기에 그녀를 만났는데, 테레즈가 세탁일을 그만둔 뒤로 루소가 그들을 모두 책임지게 되었다. 루소는 그녀와 헤어지지 않기 위해 무슨 일이든 마다하지 않았다. 그는 온갖 운명에 맞서 그녀와 25년을 함께 산 뒤 마침내 그녀와 결혼한다. 루소는 테레즈와 둘이 먹고살기도 힘들었지만 열심히 일하며 그의 의무를 다했다. 하지만 그는 테레즈의 가족들 때문에 아주 고통스러웠다. 그는 당시를 이렇게 회상한다.

나는 가족이 없었지만 그녀에게는 가족이 있었다. 그 가족들의 성격은 하나같이 그녀와 판이하게 달라서 도저히 내 가족으로 삼을 수 없었다. 여기에 내 불행의 첫 번째 이유가 있었다. 그녀의 어머니에게 자식이 되기 위해 내가 얼마나 많은 노력을 했던가! ……그녀의 어머니는 항상 나와 전혀 다른 이해관계를 추구했으며, 나와는 말할 것도 없고, 이미 나와 더 이상 다르지 않은 자기 딸과도 상반되는 이해관계를 유지했다. 그녀와 그녀의 또 다른 자식들과 손자들이 죄다 거머리처럼 달라붙었고, 그들이 테레즈에게 저지른 가장 가벼운 죄는 도둑질이었다. 이 가엾은 아가씨는 조카딸들에게도 쩔쩔매는 것에 익숙해져서 살림이 거덜나고 통제 불능이 되어도 한마디도 못했다. 나는 내 지갑을 털어주는 것도 충고해주는 것도 지쳤지만 그녀에게 아무런 도움이 될 수 없는 현실을 고통스럽게 지켜볼 뿐이었다. 나는 그녀를 그녀의 어머니에게서 떼어놓으려고 노력했다. 그녀는 항상 그런 충고를 듣지 않았다. 나는 그녀의 반대를 존중했고 그 일 때문에 그녀를 더욱 높이 평가했다. 하지만 그녀가 거절했다고 해서 그녀나 내가 입는 손해가 줄어드는 것은 아니었다.

· 『고백』

루소는 자신에게서 테레즈를 떼어놓고 그와 친구들 사이를 이간 질시키는 어머니를 더는 견딜 수 없었다. 루소는 결국 테레즈의 어머니와 헤어지게 되었다. 그 후로 그는 죽을 때까지 그녀를 다시 만나지 않았다. 그러나 어렵게 사는 가운데서도 루소는 테레즈의 어머니에게 생활비를 보내주겠다는 약속을 어기지 않았다.

## 돈의 의미

루소는 물욕物慾이 없었던 것 같다. 자유를 사랑하는 그에게 돈이란 자유를 억압하지 않는 선에서 유용한 것일 뿐이었다. 그는 돈을 버는 측면에서든 쓰는 측면에서든 돈이 떨어질 것을 항상 걱정하고 두려워했지만 그렇다고 돈을 좇지는 않았다. 지나친 소유욕은 결국 인간을 돈의 노예로 만들기 때문이다. 항상 어렵게 살았지만 돈에서 자유롭기 위해 애썼던 루소는 돈에 대한 자신의 생각을 이렇게 털어놓는다.

내게 돈은 돌고 도는 재물이어서 내게 없는 돈을 바랄 생각조차 하지 않았다. ……나는 남몰래 재미 삼아 돈을 쓴다. 돈 쓰는 것을 자랑으로 여기기는커녕 몰래 감춘다. 돈이란 내게 쓸모없는 것이며 돈이 있다는 것은 늘 수치스럽고 그것을 쓰는 것은 더욱더 부끄러운 일임을 절감한다. 일찍이 편하게 살 수 있을 만큼의 수입만 있었어도 나는 전혀 구두쇠가 되려 하지 않았을 텐데, 그 점을 단연코 확신하는 바이다. ……하지만 불안정한 내 처지 때문에 두려움이 떠나지 않는다. 나는 자유를 열렬히 사랑한다. 나는 제약과 수고와 예속을 몹시 싫어한다. 내 지갑에 돈이 있는 한 돈은 내 독립을 보장한다. 그렇게 되면 돈을 더 벌려고 애쓰지 않아도 된다. 그런 불가피함에 항상 염증이 나지만, 돈이 바닥나는 꼴을 보게 될까봐 두려워서 돈을 소중히 여긴다. 소유하고 있는 돈은 자유의 도구다. 쫓아다니는 돈은 속박의 도구다. 그래서 나는 돈을 꼭 움켜쥐고 있지만 아무것도 탐하지 않는다. 따라서 나의 무사무욕은 게으름에 지나지 않는다. 소유하는 기쁨은 획득하는 수고만큼의 가치는 없으니 말이다.

·『고백』


돈이 바닥날까봐, 이를테면 굶을까봐 늘 두려워했지만 루소는 그의 노동의 대가 이외에는 아무것도 바라지 않았다. 차츰 명성이 높아지자 도와주겠다는 귀족이나 부자들이 있었지만 그는 부득이한 경우를 제외하고 대부분 거절했다. 그의 말처럼, "은혜를 베푸는 사람과 은혜를 입은 사람 사이에는 신성한 계약이 있다. ……그리하여 은혜를 입은 사람이 알게 모르게 감사해야 할 의무가 있다면, 자선가도 마찬가지로 그가 그 감사를 받을 만한 자격을 갖추기를 바라는 한 상대에게 이전에 보여준 것과 같은 선의를 계속해서 보여주어야 하며, 할 수 있을 때마다 그리고 그렇게 할 필요가 있을 때마다 상대에게 선행을 되풀이할 의무가 있다."『고독한 산책자의 몽상』

대가를 바라지 않는 순수한 선행은 아마도 없을 것이기에, 은혜를 입은 사람은 베푼 사람에게 어떤 식으로든 '감사해야 할 의무'가 생긴다. 의무는 곧 속박이니 자유와 어긋난다. 경제적인 측면에서 루소는 후원자의 도움을 받아야 할 처지였지 평생 누군가를 도와줄 수 있는 형편은 되지 못했다. 하지만 자유를 사랑하는 루소는 그런 '감사해야 할 의무'는 지고 싶지 않았다. 설령 도와줄 수 있는 처지에 있었더라도 루소는 아마 '얼굴 없는 천사'가 되어 남을 도왔을 것이다. '이전에 보여준 것과 같은 선의를 계속해서 보여줄 의무'가 싫었을 것이기 때문이다.

그의 '선행'과 '그 선행에 감사해야 할 의무'에 관련한 일화를 하나 들어보면 이렇다.

루소는 그의 직업, 즉 악보 필사로 생계를 해결하기를 원했지만 그리 쉽지 않았다. 그러던 중 1753년, 그의 작품 『마을의 점쟁이』*Le Devin du Village*가 공연될 때의 일이었다. 공연 첫날, 감미롭고 감동적인 열광이 공연 내내 지속되었다. 공연은 아주 성공적이었다. 그 소문을 듣고 루이 15세가 왕비와 가족, 그의 애인 퐁파두르 부인 그리고 왕실 사람들과 함께 공연을 관람했다. 왕도 공연에 큰 감동을 받았다. 다음 날 왕의 의전행사 담당관이었던 퀴리 씨가 루소를 찾아왔다. 그는 왕께서 친히 그에게 연금문제를 상의하고 싶어 한다는 말을 전했다. 그렇게 하기 위해서 루소는 왕을 알현해야 했다.

하지만 사교계를 지극히 싫어하는데다 소심하기까지 했던 루소로서는 낭패였다. 그 전갈을 듣고부터 그는 불안하고 당황스러웠다. 게다가 요폐증 때문에 그런 자리에서는 생리적 욕구가 더욱 강하게

일어날 것이었다. 그는 자신이 국왕을 알현하는 모습을 상상하기만
해도 끔찍했다. 고심 끝에 루소는 결국 왕을 만나는 것을 포기했다.
그러나 그가 왕의 알현을 포기한 진정한 이유는 그 때문이 아니었
다. 그가 왕에게서 받는 연금이 그에게 어떤 속박과 의무를 가할까
봐 더 걱정했던 것이다. 루소는 당시 왕의 알현을 포기한 진짜 이유
를 이렇게 고백한다.

사실상 나는 내게 수여된 연금을 놓쳐버린 셈이다. 하지만 나를
구속하는 연금의 속박에서 벗어난 것이기도 하다. 진리여, 자유
여, 용기여 안녕. 이것들과 작별한다면 그 후 어떻게 감히 독립과
무사무욕을 말할 수 있겠는가? 그 연금을 받게 된다면 아첨을 하
거나 입을 닫고 살 수밖에 없다. 더욱이 연금이 계속 지급된다는
것을 누가 보장하겠는가? 얼마나 많은 사람을 찾아다니며 간청
해야 하는가! 연금을 지키기 위해서는 연금 없이 지내는 것보다
더 많은 노력을 기울이고 기분 나쁜 일을 더 많이 감내해야 한다.
그래서 나는 연금을 거절하면 내 원칙에 매우 부합하는 결심을
하는 것이고 겉치레를 포기하여 진실을 얻는 것이라고 믿었다.
나는 내 결심을 그림<sup>Friedrich Melchior von Grimm, 1723~1807</sup>에게 말했다.
그는 내 생각에 전혀 반대하지 않았다. 다른 사람들에게는 내 건
강을 문제 삼아 둘러댔다. 나는 그날 아침 떠났다.
·『고백』

루소는 이렇게 말한다. "나는 인간의 자유란 원하는 것을 하는 데 있는 것이 아니라, 원하지 않는 것을 하지 않는 데 있다고 생각한다. 바로 그것이 내가 요구하고 자주 소유했던 자유다."『고독한 산책자의 몽상』 확실히 루소는 그의 자유를 위해서 자신이 원하지 않는 것을 하지 않는 쪽을 택했던 것이다. 하지만 오랜 친구인 디드로는 루소의 그 결정에 열을 올렸다. 가난하게 사는 친구에 대한 충정이라 생각했지만 루소는 "그런 문제에 철학자가 그토록 열을 올리리라고는 예상하지 못했다."『고백』 루소의 몫에 대해서는 무심할 수 있어도 르바쇠르 부인테레즈의 어머니과 그녀의 딸테레즈을 위한 몫에 대해서까지 무관심해서는 안 된다는 논리였다. 루소는 친구로서의 그의 '열의'에는 감동했지만 그의 그런 논리를 받아들일 수 없었다.

## 먹고살기 위한 굴레

루소가 마침내 돈의 굴레에서 어느 정도 벗어날 수 있게 된 것은 50대 중반에 이르러서였다. 12세부터 스스로 생계를 해결해야 했던 그는 그때에서야 배고픔의 공포에서 해방되었다. 약 40년 만에 경제적 자유를 얻은 것이다. 서민들에게 먹고살기란 그리 간단한 일이 아니다. 루소는 돈의 굴레에서 어느 정도 벗어난 당시의 그 사정에 대해 이렇게 말한다. 여기서 그동안 경제적으로 자유롭지 못했던 루소의 모습을 볼 수 있다.

뒤 페루와 맺은 계약과 원수님이 주는 연금─그 3분의 2는 내가 죽은 뒤 테레즈에게 승계할 수 있었다―과 뒤셴에게서 받던 300 프랑의 연금을 합치면 나나 또 내가 죽은 뒤 테레즈가 웬만큼 살아가리라고 기대할 수 있었다. ……그렇게 해서 그녀도 나도 빵이 떨어질 일을 더 이상 걱정할 필요가 없었다. 하지만 행운과 노동으로 들어올 돈도 모두 명예 때문에 거절해야 하고 지금껏 살아온 것처럼 가난하게 죽는 것이 피치 못할 내 운명이었다. 사람들은 내가 불명예스러운 일에 억지로 동의하게 하려고 공들여 다른 모든 돈을 빼앗았다. 그러면서 항상 계약이 내게 수치스러운 일이 되게 하려고 애썼는데, 내가 천하에 비열한 인간이 아닌 이상 그런 계약을 지킬 수 있었을지는 여러분이 판단할 수 있을 것이다.

·『고백』

위의 '원수님'은 스코틀랜드 세습원수 키스$^{George Keith}$로, 프로이센 왕의 충신이 되어 큰 공을 세웠었다. 그가 나이가 들자 왕은 그를 뇌샤텔 공국 총독으로 임명했다. 루소는 모티에에 숨어 있을 때 그의 영지에 은거하고 있음을 알리고 보호를 요청하면서 키스 원수와 알게 되었다. 원수는 루소의 솔직하고 자존심 센 성격과 편지를 기분 나쁘게 받아들이지 않았다. 그렇게 루소와 키스 원수는 서로를 신뢰하면서 우정을 쌓아갔다. 그가 루소에게 1,200프랑의 연금을 주려 하자 루소는 우정 때문에 원수의 순수한 마음을 도저히 거절할 수가 없었다. 결국 그는 연금을 다 받지 않고 절반만 받았다.

뒤 페루는 출판업자였는데, 종신연금을 지불하는 조건으로 루소와 전집 출판 계약을 체결했다. 루소는 자신의 전집 출판을 위한 자료를 그에게 넘겨준 뒤, 그 모든 자료의 총괄 관리를 그에게 위임했다. 그러나 대중들이 더 이상 자신을 기억하지 못하게 하고 삶을 조용히 마치고 싶은 바람에서 그것을 사후에만 사용한다는 조건을 달았다. 루소의 말에 따르면, 그 종신연금만으로도 생활하기에 충분했다. 먹고사는 문제가 해결되자 루소는 더욱더 자유와 무사무욕의 경지에 이를 수 있었다. 돈을 벌기 위해 어쩔 수 없이 맺어야 하는 관계도 최소한으로 줄일 수 있었다. 그는 그의 시대와 그의 동시대인들 그리고 세상과 '작별을 고하고' 여생을 보내고 싶었다. 사실 얼마나 많은 사람이 사사로운 이익 때문에 맺은 관계를 깨끗이 청산하고 싶어 하는가. 그렇지만 그 반대로 얼마나 많은 사람이 더 많은 것을 소유하기 위해 발버둥치는가.

생활이 안정되자 다른 것은 걱정할 필요가 없었다. 적들이 세상을 마음껏 휘젓고 다니도록 내버려두었다. ……그들은 내 이름으로 다른 인간을 그릴 수는 있었다. 하지만 그들은 속아 넘어가기를 원하는 사람들밖에는 속일 수가 없었다. 나는 그들에게 내 인생을 낱낱이 파헤쳐보도록 내보일 수 있었다. ……올곧고 선량하며 원한도 증오도 질투도 없고, 자기 자신의 잘못을 곧바로 인정하고 타인의 잘못은 더욱 빨리 잊어버리며, 자애롭고 정다운 정열 속에서 자신의 모든 지복을 구하며, 무슨 일에나 진실함을 무모할 정도로 밀고 나가 도무지 믿을 수 없을 정도의 무사무욕에 이르는 한 인간을 말이다.

·『고백』


그러나 연금으로 웬만큼 살아갈 수 있으리라는 기대와 달리 루소는 갈수록 어려워졌다. 긴 세월 동안 이어오던 피신과 방랑의 삶을 마감하고 돌아온 그는 파리에 정착했다. 하지만 파리는 물가가 비싸서 생활하기 쉽지 않았다. 그는 악보 필사를 계속했지만 나이가 들고 정확성이 떨어져 그 일마저 오래 하지 못했다.

프랑스 초기 낭만주의자 생피에르는 플라트리에르 거리에 있는 루소의 집을 방문한 소감을 다음과 같이 적어놓았다. 그는 루소의 영향을 받아 자연 속에서의 순진한 소년 소녀의 사랑이야기인『폴과 비르지니』*Paul et Virginie*, 1788를 쓴 작가다.


장자크는 하얀 모자가 놓여 있는 책상 앞에 앉아 악보를 필사하고 있었다. 그의 옆에는 스피넷피아노의 전신으로 16~17세기에 쓰였던 건반악기이 놓여 있었는데, 그는 이따금 그것을 연주하며 아리아를 부르곤 했다. 작은 침대 두 개와 옷장 하나, 책상 하나와 의자 몇 개가 가구의 전부였다. 그의 아내는 창가에 앉아 바느질을 하고 있었다. ……그 작은 집 전체에는 청결함과 평화와 소박함이 흐르고 있었다.

·홀름스텐,『루소』

루소 자신의 말대로, 그는 가난하게 죽는 것이 피치 못할 운명이었던 것 같다. 돈의 굴레에서도 벗어나지 못했다. 그러나 그 굴레는 최소한 먹고살기 위한 데서 온 굴레였지, 더 갖고 싶은 욕심에서 온 굴레는 아니었다. 그에게 그 굴레는 인간이라면 누구나 따르지 않을 수 없는 생존이라는 자연의 법칙에서 오는 최소한의 굴레이지 탐욕으로 자신을 구속하는 굴레가 아니었다. 어떤 인간이 '밥'을 부정할 수 있는가? 지상의 모든 미물에 대해서도 마찬가지다. 그러나 인간은 거기에 만족하지 않는다. 그리하여 루소의 말처럼 "우리 인생에 곤란함이 생기는 이유는 결핍 때문이라기보다는 오히려 우리의 애착 때문이다. 우리의 욕망은 커져 있는데, 우리의 힘은 거의 모자란 상태다. 인간은 바람에 의해 많은 것에 집착한다. ……자신의 애착을 증대시키면 증대시킬수록 그는 자신의 고통을 더 증가시킨다."『에밀』

루소는 1778년 66세로 사망한다. 그는 끝내 돈의 굴레에서 완전히 벗어나지 못했다. 파리 생활이 어려워지자 지라르댕 후작의 제안으로 에름농빌에 있는 성채 관리자 집에 얹혀살았기 때문이다. 그러나 그곳에서 산 기간도 겨우 몇 주 정도였다.

# 11 루소의 자녀 양육

## 양육에 대한 고민

1745년 3월, 33세의 루소는 오를레앙 출신으로 당시 뤽상부르궁에서 그리 멀지 않은 거리에 있는 생캉탱 여관에서 세탁일을 하던 33세의 테레즈를 알게 된다. 그녀는 매우 내성적이고 다정다감했으며 정숙했다. 또한 소박하고 수수했으며 멋을 부리지 않았다. 그렇지만 그녀의 정신은 "자연이 만들어놓은 그대로여서"『고백』 루소가 아무리 가르쳐도 나아지지 않았다. 글을 그럭저럭 쓰기는 했지만 읽을 줄은 몰랐다.

나는 한 달 이상 그녀에게 시계 보는 법을 가르쳐주려고 애썼다. 하지만 그녀는 지금까지도 시간을 거의 알지 못한다. 그녀는 1년 열두 달을 순서대로 알지 못했으며 숫자 하나도 제대로 알지 못했다. ……그녀는 돈을 알지도, 셈하지도 못했고 어떤 물건의 가격도 제대로 알지 못했다. ……그녀의 엉뚱한 생각은 내가 드나드는 사교계에서 유명해졌다.

·『고백』

다음 해 겨울 루소는 그녀와 첫아이를 낳았지만 곧 그 아이를 고 아원에 보냈다. 2년 뒤에 낳은 둘째 아이와 뒤이어 낳은 다섯 아이 모두를 고아원에 맡겼다.

1762년 루소가 『에밀』을 출판했을 무렵, 그의 그 모순적인 행동 은 세간의 조롱과 비난의 대상이 되었다. 아이 하나도 제대로 양육 하지 못한 '비인간적인' 아버지 주제에 교육론이라니! 비웃음거리 가 아닐 수 없었다. 그 비난에 루소는 『고백』의 곳곳에서 자신의 행 동에 대해 후회와 변명을 거듭한다.

나는 '교육론'을 계획하면서 내가 무슨 이유로도 벗어날 수 없는 의무를 저버렸다는 것을 느꼈다. 끝내는 후회가 극심해진 나머지 『에밀』의 서두에 나의 잘못을 공개적으로 고백할 수밖에 없었다. 그 표현은 너무나 분명했는데 그런 구절을 보고도 사람들이 용기 있게 나의 잘못을 비난한 것은 놀라운 일이다.

·『고백』

그런데 루소가 『에밀』에서 자신의 잘못을 공개적으로 고백했다 는 부분은 다음과 같다.

가난도 일도 자존심도, 자기 아이를 직접 양육하고 교육시키는 의무를 면해주지는 않는다. 독자들이여, 당신들은 내 말을 믿어도 좋다. 나는 아이가 있으면서도 그토록 신성한 의무를 게을리하는 자는 누구나 자신의 과오에 오래도록 비통한 눈물을 흘릴 것이며, 결코 위안을 얻지 못할 것이라고 예언할 수 있다"
·『에밀』

그런데 이 '고백'은 잘못하면 오해만 더 키울 수 있다. 자신의 잘못을 인정하는 대신 남이 저지를 수 있는 잘못만 경고하는 듯한 인상을 주기 때문이다. 사실 『에밀』이라는 소설 속 화자의 말을 루소의 고백으로 받아들였던 사람은 별로 없었을 것이다. 그렇기에 루소의 그런 '공개적인 고백'에도 비판이 수그러들지 않았던 것 같다. 특히 1764년 볼테르가 그의 「시민의 견해」라는 글에서 루소의 과거 행적을 공개적으로 비판하고 나서자, 아이를 모두 고아원에 보낸 이 문제는 "끊임없이 자신을 노리는 적들의 무시무시한 덫으로 이용되었다." 루소는 그의 과거 행동에 대한 후회와 함께 그 이유를 이렇게 고백한다. 그러나 여전히 피상적이다.

나는 내 이야기를 읽게 될 젊은이들이 같은 잘못으로 과오를 범하게 만들고 싶지 않다. 다만 이런 잘못을 했다고 말하는 것으로 족하다. 나는 내 아이들을 직접 기를 수 없어서 공교육에 맡김으로써 그 아이들이 건달이나 재산을 노리는 구혼자보다는 노동자와 농민이 되도록 만든다면 시민이자 아버지로서의 사명을 다하는 것이라 생각했다. ……그 이후로도 여러 번 마음속에 싹튼 후회가 나의 잘못을 가르쳐주었다.

·『고백』

## 아이들을 위한 선택

루소에 따르면, 데피네 부인이나 뤽상부르 부인이 우정에서든 아니면 아량에서든 아니면 또 다른 동기에서든 그의 아이들을 키워주려 했다. 그러나 루소는 그 제안을 거절했다. 그럴 경우 "아이들이 부모를 증오하고 아마도 배신하도록 자랐을 것이라 확신"『고백』했기에 차라리 아이들이 부모를 전혀 모르는 편이 훨씬 낫다고 생각했다는 것이다. 이 이유는 어느 정도 이해가 된다. 자신들을 버린 부모가 가까운 곳에 살아 있다는 것을 알면 당연히 그 아이들은 부모를 증오할 수 있기 때문이다. 게다가 그들 친부모의 가난한 처지를 알면 부모를 무시할 수도 있다. 이런 논리에서 보면, "가난도 일도 자존심도, 자기 아이를 직접 양육하고 교육시키는 의무를 면해주지는 않는다"라는 말에서 그가 왜 그런 과오를 저질렀는지 알 수 있다. 바로 그의 가난한 삶과 일과 자존심 때문이다. 그러나 『고백』을 더 살펴보면 루소가 아이들을 고아원에 보낸 더욱 결정적인 동기―적어도 그의 고백을 믿는다면―를 찾을 수 있다. 바로 테레즈의 가족 때문이다. 그는 '거머리처럼' 붙어살면서 도둑질을 하는 테레즈의 어머니와 그녀의 아들과 손자들을 도저히 가족으로 받아들일 수 없었다. 그런 가족 사이에서 아이들이 자라는 것은 더더욱 받아들일 수 없는 일이었다.

　　나는 막돼먹은 가족에게 아이들을 맡기면 그들이 더욱더 잘못 자
랄지 모른다는 생각에 치가 떨렸다. 차라리 고아원 교육이 훨씬
덜 위험했다. 이것이 내 결심의 이유이고 프랑쾨유 부인에게 보
낸 편지에 언급한 여타의 이유들보다 더 결정적인 동기지만, 이
것만큼은 도저히 부인<sup>프랑쾨유 부인</sup>에게 말할 수 없었다. 나는 나에
대한 그토록 심한 비난에 변명을 하기보다 내가 사랑했던 사람의
가족을 배려하는 편을 택했다. 하지만 그녀의 형편없는 형제들의
행실을 본 사람이라면 누가 무슨 말을 할지 모르겠지만 혹시라도
내가 그들이 받았을 법한 교육을 내 아이들에게 받게 해야 했는
지 판단할 수 있을 것이다.

　·『고백』

### 양육에 대한 부담

　　루소는 점점 거세지는 자신에 대한 비판에 겁이 났다. 아이를 낳
으면 또 고아원에 보낼 수밖에 없는 처지라서 아이를 더는 낳지 말
아야 한다고 생각했다. 그래서 루소는 아내와 육체관계를 끊었고,
그 단절로 아내는 그를 의심하게 되었으며 결국 부부 사이가 멀어
졌다. 루소는 다섯 아이를 모두 고아원에 보냈는데, 시기상으로 보
면 이 일은 다섯 아이를 다 고아원에 보내고 난 뒤의 일이었던 것
같다. 루소는 다음과 같이 고백한다.

같은 잘못을 되풀이할까봐 겁이 났고 위험을 무릅쓰고 싶지 않아서 나는 테레즈를 또다시 이전과 같은 곤경에 빠뜨리기보다는 억지로라도 절제하는 편을 택했다. 더구나 육체 관계가 내 건강 상태를 현저하게 악화시킨다는 사실을 알아차렸다. 나는 이런 두 가지 이유로 결심을 분명히 했다. ……바로 이 시기부터 테레즈가 냉정해졌다는 것을 느꼈다. 그녀는 나에 대한 의무감 때문에 변함없는 애정을 보여주었지만 그것은 더 이상 사랑이 아니었다. 그로 인해 우리의 관계는 별수 없이 예전보다 즐겁지 않게 되었다.

· 『고백』

루소는 상대의 말과 생각이 틀렸다고 생각하면 누가 됐든 간에 면전에서 가차 없이 비판했다. 그런 그의 행동 때문에 많은 적이 생겼지만, 그는 "몰래 꾸며지는 음흉한 짓들을 증오했"<sup>『고독한 산책자의 몽상』</sup>을 만큼 등 뒤에서 뒤통수치는 행위를 용납할 수 없었다. 친구 관계에서도 예외는 아니었다. 그로 인해 친구들과의 결별은 다반사였다. 이렇듯 루소는 직설적이고 솔직한 성격의 소유자였다.

"수정처럼 맑은 그<sup>루소</sup>의 마음은 그 속에서 일어나는 것을 아무것도 숨기지 못한다. 그 모든 움직임은 그의 눈과 얼굴에 고스란히 전해진다."<sup>장스타로뱅스키</sup> 그 때문에 그는 "그들처럼 교활하지도 않고 해를 끼치는 범죄를 저지르지도 않았지만 동시대인들에게 고약하고 잔인한 자로 보였"다.<sup>『고독한 산책자의 몽상』</sup> 그래서 친구들조차 그의 적이 되어버리곤 했는데, 달랑베르<sup>Jean-Baptiste Le Rond d'Alembert, 1717~83</sup>도 그중 하나였다. 루소가 생의 종착점에서 『고독한 산책자의 몽상』을 쓰고 있을 때 달랑베르는 또다시 루소의 '아킬레스건'을 건드렸다. 루소는 달랑베르의 비판에 맞서 자신과 자신의 작품을 옹호한다.

나는 내 아이들을 고아원으로 보냈다. 그것은 나를 인간적인 감정이 없는 아버지로 보이도록 하기에 충분했다. 사람들은 그 생각을 과장하고 부풀려 내가 아이를 매우 싫어한다는 확실한 결론을 이끌어냈다. 그러한 점진적인 생각의 사슬을 따라가면서 나는 인간의 술책이 얼마나 교묘하게 사실을 완전히 와전시킬 수 있는지를 보고 찬탄을 금치 못했다. ……내 아이들을 고아원으로 보낸 데 대한 질책이 내가 악독한 아버지라는 둥, 아이들을 아주 싫어한다는 둥의 질책으로 쉽게 변질되었다고 나는 생각한다. 하지만 나에게 그런 행위를 하도록 확고히 결심케 했던 것은 그들이 더 불행할 수 있는 그리고 그 불행한 길을 피할 수 없으리라는 어떤 운명에 대한 두려움 때문이었다. 어쩌면 그 아이들이 어떻게 될 것인지에 대해 나보다 더 무관심한데다, 나 자신도 그들을 키울 수 없는 상황에서 아이들을 망쳤을 그 애들의 어머니에게나, 아니면 아이들을 버릇없는 아이로 만들 수 있는 외가에 아이들의 양육을 부탁해야 했을지도 모른다.
그런데 나는 그런 생각을 하는 것만으로도 소름이 끼친다. ……아무튼 나는 아이들에게 가장 해가 덜 되는 교육이 고아원 교육임을 알았기에 그곳에 보냈다. 다시 그런 경우가 닥친다 해도 나는 아무런 의심 없이 또 그렇게 행동할 것이다.

·『고독한 산책자의 몽상』


루소가 아이들을 고아원에 보낸 데에는 이처럼 복합적인 이유가 있었다. 가난과 일, 자존심 그리고 아이들을 외가에 맡겼을 때 그들이 받을 안 좋은 영향이 그 이유였다.

루소는 자신이 내세우는 그 '떳떳한' 이유들에도 불구하고 그의 후원자이자 친구였던 뤽상부르 원수의 부인에게 쓴 편지[1761년 6월 12일자]에서 결국 '속죄'라는 말을 사용하면서까지 과거 행위에 대해 참회하지 않을 수 없었다. 그가 전적으로 신뢰하는 그 신성한 양심의 가책을 받았기 때문이었을 것이다.


양심, 양심이여! 신성한 본능이며, 영원한 하늘의 목소리며, 무지하고 한정되어 있지만 지성을 지니고 있으며 자유로운 존재의 확실한 안내자여. 인간으로 하여금 신을 닮게 해주며, 선과 악에 대해 전혀 오판이 없는 심판자여, 인간의 본성을 뛰어나게 만들고 인간의 행동을 도덕적으로 만드는 것은 바로 그대다. 그대가 없으면 나는 나 자신에게서, 규칙이 없는 오성과 원칙이 없는 이성에 의해 오류에 오류를 거듭하며 방황하는 슬픈 특권 외에 짐승보다 나은 것은 아무것도 느끼지 못할 것이다.

·『에밀』

# 3부

## 학문하는 자세를 생각하다

■ 루소는 학문 자체를 비판하지 않는다.

학문은 재능과 이성의 걸작으로 그 자체로 선하며,
우리의 삶에 안락을 가져다준 유익한 발명을
낳기도 했기 때문이다. 저자들은 진리의 원천이며,
지식을 습득하는 일은 인간의 신성한 특권 가운데
하나다. 그러므로 지식의 습득은 인식의 범위를
확대시킴으로써 최고의 지성 행위에 참여하는 일이다.
문제는 학문의 남용이다. 학문의 연마는
진리와 정의를 옹호하기 위한 것이 되어야 하며,
연마된 학문은 사회와 인류에 이바지해야 한다.
그렇기에 그럴 만한 자격이 있는 사람들만이
학문의 문을 두드려야 한다.
그러한 능력이 없는 사람은 일찍이 장인의 길을
걷는 것이 본인이나 사회를 위해 더 낫다.
왜냐하면 그렇게 할 경우 적어도 사회에 불신과
혼탁을 가중시키지는 않기 때문이다.

루소의 초상화.
독서 중 명상하는 루소.

# 12 루소의 독서법

## 루소는 독서를 어떻게 했는가

『현대 음악론』*Dissertation sur la musique moderne*, 1743, 『학문과 예술에 대하여』[1750], 『마을의 점쟁이』[1752], 『프랑스 음악에 관한 편지』[1753], 『인간 불평등 기원론』[1755], 『연극에 관하여 달랑베르에게 보내는 편지』*Lettre à d'Alembert sur les spectacles*, 1758, 『신엘로이즈』[1761], 『에밀』[1762], 『사회계약론』[1762], 『산에서 쓴 편지』[1764], 『폴란드 정치체제론』*Considérations sur le gouvernment de Pologne*, 1772, 『언어기원론』*Essai sur l'origine des langues*, 1781 ……

루소가 쓴 책의 목록이다. 그는 예술, 인문 사회과학의 여러 학문을 아우르는 글을 썼다. 루소가 아주 다양한 분야에 관심을 가졌다는 것을 알 수 있다.

루소의 저서를 읽거나 번역할 때마다 드는 의문이 있다. 루소는 다른 사람에게 학문을 배우지 않고 혼자 공부했는데 어찌 그렇게 박학할 수 있었는가? 어떻게 학문을 했기에 다양한 분야에서 인류사에 길이 남을 저서들을 집필할 수 있었는가? 하는 점이다. 그의 박학과 저술은 폭넓은 학문에 대한 문제다.

이 질문에 대한 답변은 루소의 『고백』 제6부에서 찾을 수 있다. 『고백』에서 루소는 그 시절의 하루 일과와 독서에 관해 자세히 기술하고 있기 때문이다.

루소는 20세에서 25세 무렵까지 그의 후원자였던 바랑 부인과 샤르메트계곡에서 약 5년간 함께 살았다. 앞서 이야기한 것처럼, 아름다운 샤르메트계곡에서 지내는 삶은 루소에게 아주 평화롭고 달콤했다. 그러나 그 행복한 생활이 불안하지 않았던 것은 아니다. 그 행복은 어떻게 보면 아주 우연히 얻은 것이었기에 언제라도 덧없이 사라질 수 있었다. 그리하여 루소는 뭔가를 준비해야 한다는 생각을 하게 된다.

나의 시간은 온통 애정어린 보살핌과 전원에 관한 일로 가득 채워졌다. 나는 그와 같은 달콤한 삶이 지속되는 것 말고는 아무것도 바라는 것이 없었다. 내 유일한 걱정은 그 상태가 오래 지속되지 않을 수도 있다는 데 대한 두려움뿐이었다.

그런데 우리의 부자연스러운 처지에서 생겨나는 그 두려움은 근거 없는 것이 아니었다. 나는 내 불안을 달래줌과 동시에 그 불안이 가져오는 여파를 예방하기 위한 능력을 키워야겠다고 생각했다.

나는 재능을 쌓는 것이 그 불행을 예방하기 위한 가장 확실한 길이라고 생각했다. 그리하여 이 세상 여인 가운데 누구보다도 훌륭한 그 여인이 내게 베풀어주었던 은혜에 언젠가 보답할 수 있도록 내 여유시간을 활용하기로 결심했다.

·『고독한 산책자의 몽상』

루소는 그의 결심대로 바랑 부인에게 보답하기 위해 고요한 샤르메트계곡의 은밀하고 사랑스러운 집에서 독서를 시작해 다양한 분야의 서적을 섭렵한다. 걱정 속에서 되찾은 독서열은 이제까지의 독서열과는 달랐다. 앞날을 준비하기 위한 것이었기 때문이다. 루소는 주로 아침을 먹고 점심식사 전까지 서너 시간씩 집중적으로 독서를 했다.

우리는 평소 아침식사로 카페오레를 먹는다. 하루 중 이 시간이 우리가 가장 평온하고 가장 마음 편하게 이야기를 나누는 때다. 보통 상당히 길어지는 이 모임 덕분에 나는 아침식사를 무척 좋아하게 되었다. ……한두 시간 잡담을 나눈 뒤 점심을 먹을 때까지 나는 책을 읽었다.

·『고백』

루소는 매일 이 일을 지속하는데, 그가 스스로 밝힌 이 당시의 독서 분야는 이렇다. 포르루아얄 수도원에서 편찬한 『논리학』, 로크의 『인간오성론』An Essay concerning Human Understanding, 말브랑슈Nicolas de Malebranche, 1638~1715, 라이프니츠Gottfried Wilhelm von Leibniz, 1646~1716, 데카르트René Descartes, 1596~1650 등의 철학서들에서부터 시작하여 기하

학 유클리드 기하학, 라미 신부의 기하학, 신학 포르루아얄 수도원과 오라토리오회 저서들, 대수학 라미 신부의 대수학, 레노 신부의 『계산학』과 『해석학 증명』, 라틴어, 습득한 라틴어를 통해 베르길리우스 Publius Vergilius Maro, BC.70~BC.19 등 로마시대의 고전들, 이어 역사학, 지리학, 연대학 드니 페토 신부의 연대기 개론서 『연대표』, 천문학, 음악 방키에리 신부의 『악전』(樂典), 『음악사』, 생리학, 해부학, 의학……

그야말로 학문 간의 경계를 넘나드는 광범위한 독서다.

사실 루소는 어린 시절부터 독서를 매우 좋아했다. 아버지와 함께 어머니가 남겨두고 간 소설들을 읽으면서 생긴 독서취미는 그후 16세 때 아멜 뒤코묑이라는 동판 조각사 밑에서 수련을 쌓고 있을 때 되찾았다. 그 취미는 볼테르를 통해 다시 되살아났다.

우리는 볼테르가 쓴 것이면 하나도 놓치지 않았다. 나는 이런 독서를 통해 얻은 취미 덕분에 멋있게 글 쓰는 법을 배우고 싶다는 욕망을, 나를 매혹시킨 이 작가의 아름답고 화려한 문체를 모방하고 싶다는 욕망을 갖게 되었다. 얼마 뒤 볼테르의 『철학서간』이 출간되었다. 그 저서가 확실히 그의 최고 작품은 아니지만, 나를 학문으로 이끄는 데 가장 결정적인 역할을 했다. 그때 생긴 취미는 그 시절 이후 더 이상 사라지지 않았다. 하지만 내가 진심으로 공부에 빠져드는 시기는 아직 오지 않았다.

· 『고백』

1733년『영국서간』이라는 제목으로 출간된 볼테르의 책『철학서간』*Lettres philosophiques*은 "구체제에 던져진 최초의 폭탄"[1]이라고 불릴 정도로 영향력이 아주 컸다. 이로부터 10여 년이 지나 루소는 '행동하는 지식인' 볼테르를 만나게 되는데, 그 시기를 대표하는 이 두 계몽주의 철학자는 사회적 신분에서부터 사상과 취향 및 성향이 달라 서로 잘 맞지 않았다. 그도 그럴 것이 볼테르는 투자의 귀재였으며 160여 명이나 되는 하인을 거느린 재력가로 아주 현실적이고 사교적이었던 반면 루소는 소심하고 비사교적이며 죽을 때까지 가난에서 벗어나지 못했기 때문이다. 둘은 사소한 일에도 서로 부딪혀 화를 잘 내고 민감하게 반응했다고 한다. "볼테르는 파리와 그 도시의 유쾌함과 사치의 아들이었다. 반면 루소는 제네바의 아들로 자신이 당했던 신분차별과 자신이 누릴 수 없었던 사치에 대한 반감으로 가득 찬 음울하고 청교도적인 시민이었다."홀름스텐,『루소』사상적 측면에서도 볼테르는 계몽<sup>개명</sup>군주제를 선호함으로써 점진적인 개혁을 주장한 반면 루소는 인민주권론과 법의 지배라는 주장에서 보듯 아주 급진적이었다. 그러므로 개혁론자들은 주로 볼테르를 따랐고, 혁명론자들은 루소를 따랐다.

### 통섭적 학문 연마를 위한 루소의 독서법

　루소가 '진심으로 공부에 빠져드는 시기'는 바로 샤르메트계곡에서 바랑 부인과 함께 살던 때로 그 독서량과 깊이는 앞서 본 바와 같다. 루소가 학문 간의 경계를 넘나들며 다양한 분야를 공부한 사

---

　1　이동렬,『빛의 세기, 이성의 문학』, 문학과지성사, 2008, 105쪽.

실도 놀랍지만 루소의 독서 방법도 흥미롭다. 그는 자신만의 독특한 독서 방법이 있었다. 루소는 그의 독서 방법에 대해 이렇게 이야기한다.

나는 각 저자의 책을 읽으면서 내 생각이나 다른 사람의 생각을 보태거나 저자와 결코 논쟁하지 않고 그의 생각을 모두 받아들이고 따르는 것을 방침으로 삼았다. 그래서 나는 이렇게 생각했다. '맞든 틀리든 상관하지 말고 다만 명확한 개념들만을 내 머릿속에 저장하는 일부터 시작하자. 그 생각들이 내 머릿속에 충분히 채워져 그것들을 비교하고 선택할 수 있도록 말이다.' ……이 독서 방법은 배운다는 목적에서 내게 좋은 결과를 가져다주었다. 말하자면 깊이 숙고하지 않고 따져보지도 않으면서 그저 다른 사람의 학설에 따라 정확하게 생각하면서 몇 년을 보낸 끝에 나는 나 자신으로 충분해 다른 사람의 도움 없이 생각할 만큼 많은 지식이 내 안에 쌓였음을 알았다. 그런 다음 여행이나 일로 책을 참고할 도리가 없을 때는 이미 읽은 것을 복습하고 비교하며 각각의 것을 이성의 거울에 달아보고 때때로 내 스승들을 비판해보기도 하며 즐겼다. 비판력을 기르기 시작한 것은 늦었지만, 나는 그 능력이 활력을 잃었다고 생각하지 않았다. 나는 나 자신의 생각을 발표했을 때 어떤 스승의 맹목적인 제자라든지 스승의 말에 따라서 판단한다는 등의 비난은 듣지 않았다.
· 『고백』

루소가 '스승의 말에 따라서 판단하는 맹목적인 제자'라는 비판을 받지 않았다는 점에 주목할 필요가 있다. 이것은 곧 루소가 전<sup>全</sup>방위적인 폭넓은 독서를 통해 얻은 지식을 통합하여 전적으로 새로운 지식과 이론을 도출해냈다는 반증이기 때문이다. 루소는 "서로 다른 요소나 이론들이 한데 모여 새로운 단위로 거듭남"[2]이라는 지식의 통섭 개념을 이미 잘 알고 있었던 것 같다. 그뿐만 아니라 통섭적 학문 연마를 당연한 것으로 생각했던 것 같다. 다음의 그의 말은 이러한 생각에 확신을 준다.

학문에 조금이라도 애착이 있다면 그것에 빠져들면서 첫 번째로 느끼는 것은 학문 사이의 연관성이다. 이러한 연관성이 있어서 학문들은 서로 끌어당기고 도우며 서로 명확하게 해주고 각기 서로를 필요로 한다. 인간의 정신은 모든 학문을 공부하기에 충분하지 않고 항상 한 가지 학문을 전공으로 선택해야 하지만 다른 학문들에 대해 어느 정도의 개념이 없으면 자기 학문에서 깜깜한 상태에 빠지는 경우가 흔히 있다. ……나는 처음에 전체 학문들을 각 분야별로 분류했다. 그러다가 정반대로 각 분야를 분리해서 그것들이 서로 만나는 지점까지 각 분야를 따로 공부해야 한다는 것을 알게 되었다. 이와 같이 나는 평범한 종합적 방법으로 돌아왔지만, 이번에는 자신이 무엇을 하고 있는지를 아는 사람으로 돌아온 것이다.

· 『고백』

2  최재천 · 주일우 엮음, 『지식의 통섭. 학문의 경계를 넘다』, 이음, 2007, 307쪽.

루소는 다빈치<sup>Leonardo da Vinci, 1452~1519</sup>처럼 다양한 분야에 대한 관심과 폭넓은 독서로 여러 분야에 걸쳐 해박한 지식을 갖추게 되었다. 르네상스시기에 학자들은 거의 모든 분야에서 전문가적인 지식을 갖추고 있었기에 지금도 여러 분야에 걸쳐 해박한 지식을 갖춘 사람을 '르네상스인'이라 지칭한다. 따라서 루소는 18세기의 '르네상스인'이었던 것이다. 뿐만 아니라 루소는 학문 간의 경계를 허물고 범학문적<sup>trans-disciplinary</sup>인 접근을 통해 지식의 통합을 실현함으로써 복합적이고 방대한 사상과 불후의 저작들을 남겼다.

그러니 루소처럼 범학문적 태도로 독서에 임하고, 통섭적 태도를 가지고 학문에 임하면 루소 같은 인간, 즉 위대한 통섭형 인간이 나오지 않겠는가.

자유분방한 바랑 부인은 순수한 미남 청년 루소를 사랑하게 되었으며, 정성을 다해 그를 보살펴주었다. 그의 저서에 보이는 폭넓은 전문지식은 주로 그때 습득한 것으로, 출세작이라 할 수 있는 『학문과 예술에 대하여』에서부터 그는 자신의 다영역성 또는 학제 간의 학문 실력을 유감없이 발휘했다. 공교롭게도 루소가 『사회계약론』과 『에밀』로 파문을 일으킨 뒤 구속을 피해 황망히 몽모랑시를 떠나던 바로 그해<sup>1762</sup>에 바랑 부인은 세상을 떠났다. 그녀에 대한 '보답'은 그녀가 사망한 해에 끝이 나지만, 루소는 훗날 그녀를 천사 같은 여인으로 묘사하고 칭송함으로써 그녀에게 불멸의 월계관을 씌워주었다.

아! 그녀가 내 마음을 가득 채워주었듯이 나 또한 그녀의 마음을
가득 채워주었으면 좋으련만!

·『고독한 산책자의 몽상』

## 13 지식인이란

### 루소는 배운 사람을 어떻게 생각하는가

1749년 10월, 37세의 루소는 디드로를 면회하러 뱅센 감옥으로 향했다. 디드로는 무신론적이고 유물론적인 내용을 담고 있는 『맹인에 관한 서한』*Lettre sur les aveugles à l'usage de ceux qui voient*을 출간했다는 이유로 뱅센 감옥에 감금되어 있었다. 디드로는 당시 "계몽정신의 요약판"이자 "사상의 폭약을 내장한 사전"인 『백과전서』를 준비하고 있었다.

뱅센 감옥으로 면회를 가는 도중 루소는 『메르퀴르 드 프랑스』*Mercure de France*지에서 '학문과 예술의 진보는 풍속의 순화에 기여했는가'라는 디종 아카데미 현상 논문공모의 주제를 접한다. 감옥에서 그 주제에 대해 디드로와 토론을 벌였을 것으로 추정되는데, 어쨌든 루소는 그 공모전에 투고하기로 결심했다. 다음 해 7월 루소는 뜻밖에도 디종 아카데미에서 일등상을 수상하며, 곧바로 그 논문을 출간한다. 루소의 『학문과 예술에 대하여』는 그렇게 해서 빛을 보게 되었다.

루소는 『학문과 예술에 대하여』에서 학문의 발전이 오히려 인간의 풍속을 타락시키는 데 기여한다고 주장했다. 그 무렵 영향력 있는 학자와 지식인들은 이런 루소의 주장에 반발했고 교육에 관한 논쟁의 자장이 증폭됐다. 루소의 주장을 비판하는 반박문들이 쏟아져 나오고, 그에 대해 재반박하는 과정을 겪으면서 루소는 한동안 논쟁의 중심에 있었다. 하지만 그 작품은 루소의 이름을 세상에 알리는 데 큰 기여를 했으며, 이후 루소가 계속 글을 쓰는 동기가 되었다.

루소는 학문 그 자체를 비판하지 않는다. 그의 말에 따르면, 학문은 재능과 이성의 걸작으로 그 자체로 선하며, 인간의 삶에 안락을 가져다준 유익한 발명을 낳기도 했다. 저자들은 진리의 원천이며, 지식을 습득하는 행위는 인간의 신성한 특권 가운데 하나다. 그러므로 지식의 습득은 인식의 범위를 확대시킴으로써 최고의 지성 행위에 참여하는 일이라는 것이다.

그러나 풍속과 관련지어 생각해보면 그렇지 않다. 왜냐하면 많은 사람이 곡학아세의 태도로 학문을 남용하고 있기 때문이다. 루소는 자신의 주장을 뒷받침해주는 다음의 예를 들고 있다. 당시 프랑스는 학문이 융성하고 있었음에도 그 결과가 어떠했는지를 다음과 같이 묘사한다.

우리 시대와 우리나라가 다른 어떤 시대나 국민들보다 우월한 것은 아마도 바로 그 정중함그것은 자신의 모습을 덜 드러내는 척하는 만큼 더 상냥하게 보인다 때문일 것이다. ……기교가 짐짓 우리의 태도를 꾸미기 이전에, 또한 정열에 멋을 부려 부자연스럽게 말하는 법을 가르쳐주기 이전에, 우리의 풍속은 촌스럽지만 자연스러웠다. ……더 교활한 가식과 더 섬세한 세련미로 타인의 환심을 사는 기교를 신조처럼 떠받들게 만들어놓은 오늘날, 우리의 풍속에는 어떤 비열하고 기만적인 획일성이 지배하고 있다. 그리하여 모든 정신이 똑같은 하나의 주형鑄型에 부어진 것 같다. 한결같이 정중함과 격식에 맞는 행위가 요구된다. ……따라서 그들은 더 이상 본래의 자기 자신을 보여주려 하지 않는다. ……의심과 시기심, 두려움, 냉정, 조심, 증오, 배반 등은 정중함이라는 획일적이고 해로운 베일 속에, 다시 말해 우리 시대의 개화에 힘입은 바 큰, 격찬받는 세련된 예의바름 속에 끊임없이 감추어진다. ……우리 풍속의 순수성이란 바로 그런 모습이다. 이렇게 우리는 선량한 사람이 되었다.[3]

· 『학문과 예술에 대하여 외』

## 인간의 풍속을 타락시키는 학문

학문을 연구하는 사람이 많아진 프랑스 사회는 '정중함과 격식에 맞는 행위'가 요구되는 사회가 되어버렸다. 루소에게 정중함과 격식에 맞는 행위는 진실에 대립되는 행위로 한 개인의 언행이 자신과 일치하지 않는 상태인데, 루소는 그런 행위를 경멸했다. 그러므로 루소에게 정중함이란 가식, 표리부동, 부정직, 진실하지 못함, 이

3 『J.J.루소, 김중현 옮김, 『학문과 예술에 대하여 외』, 한길사, 2007, 389쪽.

중인격의 이기주의적인 인간성 등으로 이해할 수 있다.

루소에 따르면 학식의 연마는 자기도 모르게 정중함을 낳는다. 학식을 연마한 사람일수록 그 정중한 태도로 진실을 가린다. 사람은 마음이 타락할수록 겉모습은 더 그럴듯하게 포장하려 한다. 마음속에는 온갖 악이 성행하고 있으면서 예의바른 말과 몸짓으로 그 모든 사악한 의도를 가린다. 세상은 솔직하지 못한 사람들 때문에 오히려 더 불신으로 혼탁해진다.

이처럼 학문과 예술이 발전함에 따라 인간의 영혼과 풍속은 타락해졌다. 그것은 루소 시대의 프랑스에서만 볼 수 있는 불행인가? 아니다. 시대와 장소를 불문하고 똑같은 현상이 관찰된다. 루소는 또 다른 예로 중국을 든다. 중국은 존경과 학식이 고관대작의 길을 열어주는 나라였지만 그 말로末路는 멸망이었다. "존경과 학식에 의해 고관대작에 이르는 길"은 과거시험을 가리키는데, 그런 인재등용 제도는 우리의 역사 속 조선왕조 시대에도 있었다.

아시아에는 존경과 학식이 국가의 고관대작이 되는 길을 열어주는 한 대국이 있다. 학문이 풍속을 순화시킨다면, 학문이 그들에게 조국을 위해 피 흘리는 법을 가르쳐준다면, 학문이 용기를 북돋아준다면 중국 국민은 현명하고 자유로우며, 아무도 정복할 수 없는 민족임에 틀림없을 것이다. 그런데 악덕이 세력을 떨치고 있고 없는 범죄가 없다면, 대신들의 학식과 법의 지혜, 그리고 그 거대한 제국의 엄청난 인구에도 무지하고 무례한 타타르의 지배를 물리칠 수 없었다면 그 모든 학자는 무슨 필요가 있었는가? 그들이 받는 대단한 존경과 명예에서 그 나라가 얻은 과실은 무엇인가? 나라에 노예와 악인들이 득실대는 것이 그 과실일 수 있는가?

·『학문과 예술에 대하여 외』

루소는 그와 반대되는 나라, 즉 "쓸모없는 지식의 전염에서 보호되어 덕성으로 자신들의 행복과 다른 나라의 모범이 되었던 몇 안되는 나라"『학문과 예술에 대하여 외』 가운데 하나로 고대 그리스 시대의 도시국가였던 스파르타를 꼽는다. 실제로 그는 스파르타의 교육과 관련해, 그 건전함을 자주 언급한다. 루소에 따르면, 바로 그 스파르타는 쓸모없는 지식에서 벗어나 그들만의 미덕으로 다른 나라의 모범이 되었다. 루소는 스파르타를 이렇게 칭송한다.

오, 스파르타여! 공론空論에 영원히 치욕을 가한 나라여! 예술에 수반된 죄악이 한꺼번에 아테네로 흘러들었을 때, 한 폭군이 지대한 관심을 기울여 시성詩聖들의 작품을 그곳으로 군집시켰을 때, 너는 너의 국경 밖으로 예술과 학문, 예술가와 학자들을 몰아내버렸지.

두 사건은 뚜렷한 차이를 남겼다. 아테네는 정중함과 좋은 취향이 풍미하는 나라가 되었으며, 연설가와 철학자의 나라가 되었다. ……그 뒤 모든 타락한 시대의 모델로 사용될 놀라운 작품들이 창작된 곳은 바로 아테네다. 스파르타의 광경은 화려함이 덜하다. 사람들은 이렇게 말하곤 했다. "그곳 사람들은 태어날 때부터 덕성스럽다. 나라의 공기까지 덕성을 고무한다." 그 나라 사람들에 관해 우리에게 남아 있는 것이라고는 그들의 영웅적인 행위에 관한 기록뿐이다. 그 같은 형적形迹들은 아테네가 우리에게 남겨준 신기한 대리석상들보다 가치가 덜할까.

·『학문과 예술에 대하여 외』

루소는 다시 소크라테스Sōkratēs, BC.469~BC.399의 말을 인용해 학자들의 오만, 부정직성, 곡학아세, 넘쳐나는 쓸모없는 지식을 비판한다.

시인들을 살펴보았는데, 나는 그들이 재능으로 자기 자신은 물론 타인들까지 속임으로써 스스로를 현인이라 자처하는 사람들이라고 생각한다. 사람들은 시인을 현인으로 간주하지만 실은 전혀 그렇지 않다. ……그들 중 가장 기교적인 사람들은 나라에서 탁월함을 인정받는 사람들이기에 자신을 누구보다도 현명하다고 생각한다. 그 같은 자만은 그들의 학식을 완전히 오염시켰다. 나는 신전에 앉아 내가 가장 되고 싶어 하는 인간이 어떤 인간이며, 나는 누구며, 그들은 또 누구인지, 자신들이 아는 것이 무엇인지를 아는지 또는 내가 아무것도 모른다는 사실을 아는지를 자문해보았는데, 나는 나 자신과 신에게 이렇게 대답했다. '나는 지금과 같은 상태로 있고 싶다'고. 소피스트도 시인도 능변가도 예술가도, 나아가 나 자신도 진실이 무엇인지 선이 무엇인지 미가 무엇인지 모른다. 그렇지만 나와 그들 사이에는 이러한 차이가 있다. 즉 그들은 아무것도 모르면서 무엇인가를 안다고 믿지만, 반면 나는 적어도 내가 아무것도 모른다는 사실만큼은 의심하지 않는다는 점이다.

·『학문과 예술에 대하여 외』

루소의『학문과 예술에 대하여』의 '학문과 예술의 진보는 풍속의 순화에 기여했는가'라는 논제에서 '학문의 진보 또는 발전'의 개념은 학문 자체의 발전보다는 오히려 학문하는 사람이 많아지는 현상을 가리키는 것 같다. 루소도 주로 그런 방향으로 이야기하고 있기 때문이다. 그러므로 '학문이 발전하면'이라는 말은 이렇게 쉽게 풀어쓸 수 있다. 개인적인 측면에서 보면 '공부를 많이 하면' '많이 배우면' '교육을 많이 받으면' 정도가 된다. 반면 사회적인 측면에서 보면 '공부한 사람이 많으면' '배운 사람이 많으면' '교육 받은 사람이 많으면' 정도가 된다. 그러면『학문과 예술에 대하여』에서의 논제 '학문과 예술의 진보는 풍속의 순화에 기여했는가'는 이렇게 풀어쓸 수 있다. '한 사람이 공부를 많이 하면<sup>많이 배우면, 교육을 많이 받으면</sup> 그 사람이 더 도덕적이고 정직하며 정의로워지는가?' '한 사회가 공부한 사람이 많으면<sup>배운 사람이 많으면, 교육받은 사람이 많으면</sup> 그 사회가 더 도덕적이고 정직하고 정의로워지는가?'

루소는 이 질문에 그렇지 않다고 단호하게 대답한다. 더 많이 배울수록 정중하게 행동함으로써 진심을 숨긴다는 것이다. 가식적이라는 것이다. 교육을 더 많이 받을수록 오만해지고, 바르게 행동하는 대신 곡학아세한다는 것이다. 게다가 그들이 배우는 지식은 대부분 살아가는 데 전혀 도움이 되지 않는 쓸모없는 것들이다.

루소의 주장은 배운 사람이 많은 우리 사회를 보면 설득력 있게 느껴진다. 단 한 가지 실례만으로도 충분할 것 같다. 고위 관료의 청문회와 그들이 저지른 온갖 위법행위를 보는 것만으로도.

## 14 학문에 대한 자격과 교육

**어떤 사람이 학문을 해야 하며 교육은 어떤 식이어야 하는가**

루소는 학문 자체를 비판하지 않는다. 다만 학문의 남용이 문제라고 주장한다. 학문의 연마는 진리와 정의를 옹호하기 위한 것이 되어야 하며, 연마된 학문은 사회와 인류에 이바지해야 한다. 그렇기에 그럴 만한 자격이 있는 사람들만이 학문의 문을 두드려야 한다. 루소는 그런 능력이 없는 사람은 일찍이 장인의 길을 걷는 것이 본인이나 사회를 위해 더 낫다고 말한다. 왜냐하면 그렇게 할 경우 적어도 사회에 불신을 일으키지 않고 풍속에 혼탁을 가중시키지 않을 것이기 때문이다.

학자 중 학문을 유익하게 하는 소수를 제외한 나머지는 학문으로 조장된 오만과 탐욕, 기만과 음모, 간교함과 위선, 독선과 시기심, 이기심과 비열함으로 자신의 인간성을 타락시킨다. 나아가 사회를 불신과 부정 그리고 악덕이 우글거리는 정글로 변화시키기까지 한다.

찬양받을 만한 목적을 가진 학문은 숭고하지만 학자들은 실제로 인간을 위해 연구하지 않았고, 정신이 지나치게 편협해서 학문의 진보에 이바지하지 않았다. 또 마음속에 지나친 정념을 품고 있어서 오용을 피할 수 없었고, 그저 잘 연구하는 것만으로 그들의 의무를 끝내려고 했다. 그러므로 학문과 예술의 발전은 인간의 참된 행복에 아무런 이바지를 하지 못했으며, 오히려 인간의 품성과 사회의 풍속을 타락시켰다.

그렇다면 학문은 어떤 사람이 해야 하며, 교육은 어떤 식으로 해야 하는가? 루소는 학문은 소수의 천재들에게만 국한되어야 한다고 말한다. 여기서 천재란 누구의 도움도 받지 않고 학문의 발자취를 혼자 힘으로 따라가며 발전시킬 능력을 자기 안에서 느끼는 사람이다. 그러므로 "인간 정신의 영광을 위하여 기념비를 세우는 일"『학문과 예술에 대하여 외』은 자연의 질서를 혼자 능력으로 깨달을 수 있는 사람들에게 한정되어야 한다. "자연으로부터 제자를 기르도록 명령받은 사람들에게는 선생이 전혀 필요하지 않다."『학문과 예술에 대하여 외』 평범한 선생은 그 천재들을 교육시키지 못한다. 천재들의 비범한 오성을 자신들의 협소한 오성 안에 가둠으로써 천재들의 오성이 무한한 우주 공간으로 비상하는 것을 방해하기 때문이다. 물론 그 천재들은 높은 미덕을 겸비해야 한다. 어떻게 보면 그들은 학문을 드높이고 진리를 수호할 수 있도록 하늘이 점지해놓은 사람들이다.

그러나 모두가 천재일 수는 없다. 수많은 사람이 학문에 투신하고 도처에 교육기관들이 세워져 있는 것이 현실이다. 그러므로 학문이 인간과 풍속을 타락시키지 않게 하기 위해서는 교육기관의 진정한 교육 목표가 중요하다.

루소는 참다운 교육이란 지식의 습득이 아닌 미덕의 고양에 초점을 맞추는 것이라고 말한다. 어른이 되면 사회생활에 필요한 것을 배워야 하는데, 건강한 육체를 연마하고 용기를 기르며 의무를 철저히 수행할 수 있도록 돕는 교육이 바로 그것이다. 어떻게 보면 그의 교육론은 '난사람'보다 '된사람'의 육성이다.

분별없는 교육이 우리 정신을 치장하여 판단을 그르치는 것은 아주 오래전부터의 일이다. 나는, 많은 돈을 들여 젊은이들에게 온갖 것을 가르치지만 그들의 의무는 가르치지 않는 엄청나게 큰 교육기관을 도처에서 본다. 당신의 아이들은 자기 나라 말도 제대로 모를 것이다. 그들은 아무 데서도 사용하지 않는 이상한 말을 하고, 자기들도 제대로 이해하지 못하는 시를 쓸 것이다. 그들은 진리와 오류를 분별할 줄 모르고 그럴듯한 주장을 폄으로써 남들이 진리와 오류를 분간하기 힘들게 만드는 기교를 습득하게 될 것이다. 그들은 아량과 공정·절도·인간성·용기 같은 말들이 뜻하는 바를 전혀 모른다. 기분 좋은 단어인 조국이라는 말은 그들 귀에 전혀 들리지 않을 것이다. 신에 대한 이야기를 듣기는 하겠지만 그것은 신을 경외하기 때문이 아니라 두려워하기 때문이다. 어떤 현자는 이렇게 말하곤 했다. "내 학생이 실내에서 정구를 치며 시간을 보내면 정말 좋겠다. 적어도 그것으로 육체가 생기발랄해질 것이기 때문이다." 나는 어린아이들이 뭔가에 몰두

해야 할 필요가 있으며, 하는 일 없이 빈둥빈둥 노는 것은 그들이 경계해야 할 가장 위험한 일임을 안다. 도대체 그들은 무엇을 배워야 하는가? 정말 좋은 질문이다! 그들이 어른이 되었을 때 마땅히 해야 할 일을 가르쳐야지 잊어버릴 게 뻔한 지식을 가르칠 일이 아니다.

·『학문과 예술에 대하여 외』

## 페르시아의 왕세자 교육

루소는 몽테뉴의 말을 빌려 고대 페르시아의 왕세자 교육에 대해 이야기한다. 그것은 "잊어버릴 게 뻔한 지식"을 가르칠 일이 아니라, 자신의 생명을 보전할 줄 알며 건전한 시민으로서 살아가는 법을 가르치는 교육에 대한 예인 것이다.

페르시아 왕세자는 태어나면 여자들에게 맡겨지는 게 아니라 덕을 갖추었기 때문에 왕의 절대적인 신임을 받는 환관들에게 맡겨진다. 그들에게는 왕세자를 신체적으로 건강하고 멋지게 길러야 하는 책임이 있다. 왕세자가 7세가 되면 말을 타고 사냥을 하는 훈련을 시킨다. 14세가 되면 네 명, 곧 그 나라 최고의 현자, 의인, 절제가, 가장 용맹한 자에게 맡겨진다. 현자는 신앙을 가르치며, 의인은 항상 진실하게 사는 법, 절제가는 탐욕을 다스리는 법 그리고 용맹한 자는 아무것도 두려워하지 않는 법을 가르친다. 그들은 모두 왕세자를 선량하게 만드는 데 힘쓰지 유식해지도록 하는 데 힘쓰지 않았다.

· 『학문과 예술에 대하여 외』

  교육 현장에는 인간을 만드는 교육과 미덕을 기르는 교육이 아니라 쓸모없는 얄팍한 지식만 난무한다. 또한 훌륭한 학자가 되지 못하면서 세상에 해를 끼치는 온갖 협잡꾼 패거리들이 판치는 것이 현실이다. 학문과 교육을 하는 곳은 개인의 이익을 위한 간교와 계략, 갑질과 이합집산으로 개인적인 출세의 장場으로 변질되었다. 이러한 루소의 주장은 정상적이지 못한 사회에 대한 최후 통첩장 같은 경고성 메시지로 들린다.

  루소는 절도 있고 용감하게 그리고 진실하게 행동하는 것이 곧 미덕이라고 설명한다. 학교에서 그러한 미덕을 교육하지 않기에 사회에는 당연히 그 반대의 결과들이 난무한다. 물론 많은 배움의 기회를 통해 미덕이 무엇인지 '암기'하기는 할 것이다. 그저 시험에 대비하기 위한, 시험이 끝나면 곧 잊어버릴 게 뻔한 암기. 실천이 따르지 않는 관념적인 지식으로서의 암기. 아이들의 실천을 유발하기 위해서는 미덕을 직접 행동으로 옮기는 본이 필요하다. 그렇다면 아이들의 본은 누구인가. 바로 어른이다.

  높은 교육열을 자랑으로 내세우는 사회가 부패와 반칙의 온상으로 변할 수 있었던 것은 참교육이 실패한 데 원인이 있다. 루소는 사회의 풍속을 타락시키는 분별없는 교육과 학문보다는 차라리 무지가 더 낫다고 주장한다. 어떻게 보면 바로 그 '무지'無知로 돌아가는 게 각자의 참다운 행복을 위해, 진실하고 미덕이 감도는 사회를 위해 더 나을지도 모른다.

　루소가 주장하는 무지는 다름 아닌 이런 무지다.


악한 마음과 교활한 정신에서 발원하는 잔인하고 난폭한 무지가 있다. 또한 인간의 의무 영역까지 파고들어 악덕을 증대시키고 이성을 해치는, 나아가 영혼을 타락시키고 인간을 짐승과 다름 없이 만드는 무지가 있다. ……반면 또 다른 분별 있는 무지가 있다. 그것은 인간의 호기심을 그들<sup>인간</sup>이 부여받은 능력의 범위 안으로 국한시킨다. 그것은 미덕에 대한 뜨거운 사랑의 소산으로, 인간의 마음을 빼앗을 가치가 조금도 없는 모든 것에 대해 무심함을 갖게 할 뿐인…… 겸손한 무지다. 그것은 또한 자신을 반성하는 일에서 큰 즐거움을 느끼고, 자신의 지식에 대해 타인이 가질 수도 있을 평가에서 거짓되고 헛된 행복을 찾을 필요성을 느끼지 않으면서 스스로에게 만족하는 순수한 영혼의 보물로, 온순하고 귀중한 무지다. 바로 그것이 내가 예찬하는 무지며, 학문을 무시함으로써 학자들에게 불러일으켰던 소란에 대한 벌로 하늘에 요구하는 무지다.

· 『학문과 예술에 대하여 외』


　루소가 그의 여러 작품을 통해 주장하는 교육론은 사실 『학문과 예술에 대하여』에서부터 시작된다고 말할 수 있다. 그가 주장하는 교육의 목적은 위의 인용문에서 볼 수 있는 무지, 곧 자연 상태로 돌아가자는 것이기 때문이다.

그러나 인류는 이미 그런 상태로 되돌아갈 수 없다. 그런데도 학문과 교육에 대한 루소의 주장들은 새겨들을 만한 가치가 충분하다. 개인과 사회에 정신적 황폐와 부도덕을 가져오는 진짜 이유는 무엇이며, 혼란을 거듭하며 갈 길을 잃고 방황하는 교육이 지향해야 할 방향이 무엇인지에 대한 의미 있고 생산적인 담론을 증폭시킬 수 있기 때문이다.

## 15 죽는 법을 배우는 일

### 늙어서 해야 할 공부

노인치고 인생이 너무 짧다고 말하지 않는 사람은 드물다. 그런데 루소는 거꾸로 인생이 그리 짧지만은 않다고 말한다. 사람들이 인생을 짧게 만들고 있기 때문이라는 것이다. 사람들은 대부분 목표를 가득 품고 살아가기에 가능하면 시간이 빨리 흘러 그 목표를 달성하는 때가 오기를 원한다. 그렇기에 그들의 마음에는 역설적으로 시간이 너무 천천히 흐른다. 오늘부터 그 목표 지점까지의 시간적인 간극이 '너무 길어' 원망스럽기까지 하다. 게다가 사람들은 그 목표에만 마음이 가 있어 오늘이 '없다.' 아니, 없었으면 한다. 목표 지점이 내일이면 그들은 오늘이 내일이기를 바라고, 그 지점이 한 달 후면 그들은 오늘이 다음 달이기를 바란다. 그리고 그 목표 지점이 20년 후면 그들에게는 오늘이 바로 그 20년 후이기를 원한다. "아무도 오늘을 살기를 원하지 않으며, 아무도 현재에 만족하지 않으며, 시간이 너무 천천히 간다고 생각한다. ……현재의 시간을 빨리 가게 할 능력이 있으면 그들은 그 능력을 사기 위해 기꺼이 비용을 지불할 것이다. 그들은 그들의 인생을 소멸시키기 위해서라면 그들의 재산까지도 기꺼이 바칠 것이다."『에밀』

그러니 세월이 너무 빠르다고 불평하는 것은 옳지 않다. 물리적인 시간은 언제나 동일한 보폭으로 걷는다. 다만 사람들의 마음이 그 보폭을 변화시킨다. 심리적인 시간의 문제인 것이다. 사람에 따라서는 하루가 3년처럼 길게 느껴진다.

그런데 저마다 마음에 가득 품고 있는 '목표'는 욕망의 산물이기에 그 욕망을 어떻게 절제하느냐가 시간에 대한 인식의 관건이다. 『에밀』에서 에밀의 스승, 즉 루소의 말은 욕망과 시간 사이의 상관관계를 잘 보여준다.

나는 에밀을 욕망에 마음을 빼앗기는 사람으로 키우지 않았으며, 미래를 기다리는 사람으로도 키우지 않았다. 나는 그를 즐길 줄 아는 사람으로 길렀다. 그렇기에 그가 그의 욕망을 현실 저편, 즉 미래로 향하게 할 때조차도 그는 시간의 느림에 괴로워할 정도로 맹렬한 열정을 품지 않는다. 그는 욕망하는 즐거움뿐만 아니라 욕망의 대상에 이르는 즐거움도 향유한다. 또한 그의 열정은 아주 잘 절제되어서, 그는 맞이할 미래보다 살고 있는 현재에 항상 더 '존재하고' 있다.

· 『에밀』

사람들은 저마다의 목표를 품고 살아갈 수 있지만, 그 때문에 '오늘'을 잊어서는 안 된다는 조언이다. '오늘'은 내일, 내달, 20년 후를 위해 존재하는 것이 아니다. 오늘은 오늘로 존재하며 또 존재해야 한다. 그러니 우리는 오늘을 살아야 한다. 우리는 오늘의 삶도 중요하기에, 오늘의 삶을 향유해야 한다. 목표를 갖고 살아가되 그것을 이루는 과정을 즐겨야 한다. 목표에만 마음을 빼앗기지 말아야한다. 20년 후, 그 목표를 이루었든 이루지 못했든 앞만 보고 달려온 사람에게는 그 20년의 세월이 너무 빨랐을 것이다. 그래놓고 그는 세월이 너무 빠르다고, 인생이 너무 짧다고 불평한다. 그 사람은 '오늘'보다는 미래를 살면서 수많은 그 '오늘'을, 이를테면 '오늘'들로 이루어진 인생을 즐길 줄 몰랐던 것이다.

### 여행 같은 삶

루소는 인생을 여행에 비유한다. 그는 인생을 '파발꾼으로서가 아니라 여행자로서 여행'하고자 한다. 그와 같은 여행, 그것이 루소의 인생이다. 이를테면 루소는 오로지 목적지에 이르기 위해 잘 닦인 길을 질주하지 않는다. 그와 반대로, 옛날 길을 따라 이쪽저쪽을 돌아보고 즐기면서 걷는다.

말을 타고 가는 것보다 더 상쾌한 여행 방법을 나는 하나밖에 모른다. 도보로 여행하는 것이다. 걸어서 하는 여행은 가고 싶을 때 떠날 수 있고, 멈추고 싶을 때 멈출 수 있다. 그러므로 원하는 만큼 운동을 할 수 있다. 여행하는 고장을 두루 관찰하면서 원하는 대로 발길을 돌릴 수 있다. 마음에 드는 것은 모두 관찰할 수 있으며, 아름다운 경치가 있는 곳이면 언제나 멈춰 선다. 실개천이 보이는가? 그것을 따라 거슬러 올라갈 것이다. 빽빽한 숲이 보이는가? 그 숲속의 그늘 밑으로 들어가 휴식을 취할 것이다. 동굴이 있던가? 그것을 구경하러 들어갈 것이다. ……마음에 드는 곳이라면 어디서든 나는 멈춰 설 것이다. 그러다가 지겨워지면 다시 떠날 것이다. 나는 말에게도 마부에게도 얽매여 있지 않다. 이미 닦인 길을 택할 필요도 없고, 편한 길을 택할 필요도 없다. 사람이 갈 수 있는 곳이면 어디든지 간다. 사람이 볼 수 있는 것이면 무엇이든 보며, 오로지 나 자신에게만 매여 있는 나는 인간이 즐길 수 있는 모든 자유를 누린다.

·『에밀』

특히 걷는 즐거움은 루소가 노년기에 아주 자주 추구했던 즐거움으로 그는 『고독한 산책자의 몽상』에서 자유롭게 산책하며 명상한 내용을 기술한다. 걷는 자는 목적지에 이르기까지 눈에 들어오는 모든 것을 흥미롭게 바라본다. 그런 사람에게는 설령 목적지가 있는 여행일지라도 여행 그 자체가 즐거움이다. 그 여행자는 출발지에서부터 목적지까지 충분히 즐긴 것이다. 그는 그 여행에 만족한다. 그런 그에게 인생이 짧다는 말은 이해가 되지 않는다. 폴란드 출신의 노벨문학상 수상 시인 쉼보르스카<sup>Wisława Szymborska, 1923~2012</sup>의 시집 제목처럼 인생은 그 정도의 세월로 "충분하다." 루소는 인생이 너무 짧다고 불평하는 사람들에게 이렇게 말한다.

사람들이여, 당신들은 자연에 대한 모욕을 언제고 그치지 않을
텐가? 어찌 당신들은 인생이 짧다고 불평하는가. 당신 좋을 대로
생각하는 것처럼 그렇게 짧지는 않은데 말이다. 만일 당신들 중
시간을 흘려보내는 것을 결코 원하지 않으며, 자신의 욕망을 절
제할 줄 아는 사람이 한 명이라도 있다면, 그는 인생이 짧다고 생
각하지 않을 것이다. 사는 것과 삶을 즐기는 것은 그에게 동일한
것이다. 그런 사람은 젊어서 죽더라도, 자신이 살았던 시간에 만
족하며 죽으리라.
· 『에밀』

인간에게 실망한 루소는 파리 근교의 자연을 찾아 산책을 나갈
때마다 앵발리드 les Invalides, 폐병관를 거쳐야 했다. '조국'을 위해 자신
을 희생하는 것을 최고의 미덕 가운데 하나로 생각하며 "시민 교육
의 주요한 기능은 조국애를 불어넣는 것"[4]이라 주장한 루소는 그곳
에서 마주치는 이미 늙어버린 역전의 용사들에게 항상 연민과 존경
을 느꼈다. 그 늙은 용사들은 이런 노래를 불렀다.

우리도 한땐 젊었었네.
용맹하고, 대담했었네.

---

4   스베낭 토도로프, 고봉만 옮김, 『덧없는 행복』, 문학과지성사, 2006, 55쪽.

앵발리드(폐병관).
1670년에 루이 14세가 전쟁 부상병을 위해 창설한 요양소다.
현재는 군사박물관으로 사용되고 있으며
나폴레옹 1세가 지하 묘지에 안치되어 있다.

## 루소가 바라는 죽음

몽테뉴는 자신이 아는 모든 아름다운 인간의 행동은 시대와 종류를 불문하고 대부분 서른 살 이후보다 그 이전에 형성된 것이 더 많았다고 한다. 그와 같은 아름다운 일을 한 사람들은 젊었을 때 얻은 영광을 향유하면서 생애의 반생을 살았다. 아름다운 일은 늙었을 때보다 젊었을 때 더 행할 수 있으니 젊어서 열심히 일할 필요가 있다는 메시지이기도 하다. 루소가 앵발리드에서 마주친 선량한 노인들도 바로 젊어서 그런 아름다운 일을 한 사람들이다.

그러나 지상의 모든 존재는 유한하다. 우리가 좋아하는 것이든 싫어하거나 미워하는 것이든 머지않아 지상에서 모두 사라진다. 인간인들 예외일 수 있으랴.

세월의 강력한 공격이 신체를 깨뜨려 부수고
우리의 체력이 둔화하여 사지가 약화될 때에는
판단력도 발을 절고 혀와 정신은 고장이 난다.
· 몽테뉴, 『수상록』

루소는 이런 자연의 원리에도 사람은 늙어갈수록 젊은이들보다 더 삶에 집착하며, 젊은이들보다 더 안타까워하며 이 세상을 떠난다고 한다. 그들은 직책과 재산 등 살아 있을 때 각고의 노력 끝에 일궈낸 모든 결실 중 죽을 때 아무것도 가져갈 수 없다는 사실을 생각해보지 않는다. 그들은 자신이 마치 영원히 그것을 소유할 것처럼 집착한다.

　루소는 삶에 종착점이 없다고 착각하며 끝없이 '현역'으로 살려는 사람들에게 이렇게 조언한다. "인간은 태어나자마자 투쟁에 말려들어 죽을 때에야 그 싸움에서 벗어난다. 경주가 다 끝나갈 판인데 그제야 마차를 잘 끄는 법을 배워 무슨 소용이 있는가. 그때는 오직 어떻게 하면 그 경기장에서 잘 빠져나올지를 고심해야 할 때가 아닌가"『고독한 산책자의 몽상』라고 말이다. 루소는 경주가 다 끝나가는 데도 여전히 마차를 잘 끄는 방법을 배우려는 사람들에게 이렇게 비판한다.

　혹시라도 늙은이에게 공부할 것이 남아 있다면 그것은 오직 죽는 법을 배우는 일이다. 그런데도 내 나이의 사람들이 가장 노력을 기울이지 않는 것이 바로 그것이다. 그들은 그것만을 제외하고는 모든 것에 대해 생각한다.
　·『고독한 산책자의 몽상』

　"죽는 법을 배우는 일." 물론 이 문제는 노년기를 어떻게 보낼 것인지와 관련 있다. 미덕 예찬론자인 루소가 노년기에 추구하고 싶은 것은 위선적인 지식인들의 공허한 지식이 아니다. 영혼을 분별없이 만들어 명쾌한 진리를 보지 못하게 막는 속세의 신기루 같은 허영은 더더욱 아니다. "마흔을 성공을 위한 내루소 노력의 종점이자 야망의 종점으로 삼아온"『고독한 산책자의 몽상』 루소는 이미 그때마흔부터 모든

에름농빌에 있는 루소의 묘지.

환상과 헛된 소망, 탐욕을 떨쳐버리고 다시 악보를 필사하며 생계를 유지하면서, 그의 성향이자 가장 중요한 취향인 마음의 평온을 탐닉했기 때문이다. 그런 그였기에 루소는 노년기에 노욕老慾의 집착에서 벗어나 있었던 것도 사실이다. 루소는 그의 노년의 여생을 다음과 같은 공부에 바치고 싶어 했다. 그것이 그의 방식의 "죽는 법을 배우는 일"이다. 이는 그가 바라는 죽음이기도 하다.

인내와 온유함과 체념, 청렴 그리고 공평무사한 정의는 죽을 때 가져갈 수 있는 것이기에 죽음이 그것들의 가치를 앗아가지 않을까 하는 두려움 없이 계속 축적해도 좋은 재산이다. 내가 내 노년의 여생을 바치려는 것은 오직 그 유익한 공부를 위해서다. 나 자신의 향상과 함께 지난 시절보다 더 덕망 있는 모습으로 생을 마치는 법을 배운다면 정말 행복할 것이다.
· 『고독한 산책자의 몽상』

## 루소 연보

**1712년** 6월 28일, 스위스 제네바의 라 그랑 뤼 거리 40번지에서 시계공이었던 아버지 이삭 루소$^{Issac\ Rousseau}$와 어머니 쉬잔 베르나르$^{Suzanne\ Bernard}$ 사이에서 "허약하고 병든 상태"요폐증의 둘째 아들로 태어남. 7월, 성 베드로 사원에서 영세 받음. 7월 7일, 열병을 앓다 39세의 나이로 어머니 사망. 고모 쉬잔 루소가 기름.

**1719년** 아버지와 함께 어머니가 남기고 간 17세기의 여러 소설 소설을 독서함.

**1720년** 겨울, 역사와 윤리 서적들을 읽음. 특히 플루타르코스의 저서를 탐독함.

**1722년** 사촌 아브라함 베르나르와 함께 제네바 근처 보세에 있는 랑베르시에 목사 집에 기숙학생으로 들어감. 그곳에서 적절한 교육을 받으면서 2년간 행복한 전원생활을 보냄.

**1723년** 목사의 여동생 랑베르시에 양에게 볼기를 맞고 관능의 세계에 눈뜸.

**1724년** 겨울, 제네바로 다시 돌아와 외숙 가브리엘 베르나르의 집에 거주. 그 도시의 사법 서사 마스롱 집에서 수습 서기로 일하나 별로 흥미를 느끼지 못함.

**1725년** 4월, 조각가 아벨 뒤 코맹과 5년 기간의 수련 계약 체결. 고용주의 가혹한 취급에 못 견뎌함. 거짓말과 도둑질 등 악습에 물듦. 그에 싫증을 느끼다 독서취미가 되살아남.

**1726년** 아버지 니옹에서 재혼.

**1728년** 3월, 산책에서 돌아오던 중 도시 출입문이 폐쇄된 것을 발견한 뒤, 그의 파트롱 집에 돌아가지 않기로 작정하고, 다음 날 제네바를 떠남. 안시에 도착해 콩피뇽의 사제 퐁베르 씨의 소개서를 들고 바랑 부인의 집을 찾음. 그녀를 보는 순간 첫눈에 매혹됨. 24일, 개종자들을 받을 수 있는 집을 운영하던 그녀의 주선으로 걸어서 토리노로 출발. 4월 12일, 그곳 소재 성령수도원에 들어감.

4월, 신교를 버리고 가톨릭으로 개종. 여름부터 가을까지 토리노 주위를 떠돌며 3개월간 베르첼리스 부인 집에서 하인으로 일함. 다시 구봉 백작의 하인으로 일하다가 그의 아들 구봉 사제의 비서로 자리를 바꿈.

**1729년** 6월, 바랑 부인이 살고 있는 안시로 돌아옴. 그녀의 집에서 기거함.

**1730년** 4월, 파리로 떠남.

7월, 파리에서 온 음악 교사 바소르 드 빌뇌브라는 가명으로 로잔에 체류. 그해 겨울 동안, 뇌샤텔에서 음악 개인교사 노릇을 함.

1731년　5월, 여러 개의 소개서를 몸에 지니고 다시 파리로 옴.

6월~8월, 어느 스위스 대령의 조카 집에서 하인으로 일함.

9월, 몇 주일 동안 리옹에서 지내다 샹베리로 바랑 부인을 찾아감.

1732년　6월, 부인의 주선으로 8개월 동안 일해온 측지소를 떠나 음악 개인교사가 됨.

1735~36년　여름이 끝날 무렵부터 가을까지 샤르메트계곡의 '노에 래 집'에서 바랑 부인과 함께 체류. 행복한 전원생활 시작. 공부에 몰두.

1737년　9월, 피즈 의사에게 진찰을 받기 위해 샹베리를 떠나 몽펠리에로 감.

1738년　2월~3월, 샹베리로 돌아오나 환대를 받지 못함. 작년 여름부터 루소 대신 새 애인 빈첸리트가 바랑 부인의 모든 일을 맡아 처리. 공부에 전념.

1739년　3월, 혼자 샤르메트계곡에 남아 독서를 하며 독학.

1740년　4월, 샹베리를 떠나 리옹으로 가 리옹 법원장 마블리 씨 두 아들의 가정교사가 됨.

1741년　3월, 마블리 씨 집 가정교사를 그만두고 샹베리로 돌아옴.

1742년　1월, 새로운 음악 개념의 체계를 수립하기 위해 계속해서 연구함.

8월, 레오뮈르의 소개로 과학 아카데미에서 그의 「새로운 악보에 관한 연구」를 낭독.

9월, 위의 「새로운 악보에 관한 연구」에 대한 심사 후 아카데미는 루소에게 음악 자격증 수여.

**1743년** 1월, 키요 출판사에서 『현대 음악론』 출간. 그해 봄, 뒤팽 부인을 소개받음.

**1745년** 3월, 당시 23세의 오를레앙 출신의 여관 하녀 테레즈 르 바쇠르를 알게 됨.

9월, 디드로, 콩디야크와 알게 됨.

10월~11월, 볼테르와 라모가 쓴 『라미르의 축제들』을 수정.

12월, 이것이 계기가 되어 볼테르와 정중하고 공손한 편지를 교환.

**1746년** 가을, 슈농소에 있는 뒤팽 씨 부부 집에 체류. 그곳에서 뒤팽 부인과 그녀의 조카 비서로 일함. 겨울에 첫째 아이가 출생하나 고아원에 보냄.

**1748년** 둘째 아이를 낳지만 역시 고아원에 보냄.

**1749년** 1월~3월, 달랑베르가 부탁한 『백과전서』의 음악 항목 집필.

7월, 디드로, 체포되어 뱅센 감옥에 감금됨.

10월, 뱅센 감옥에 디드로를 면회 가는 도중 디종 아카데미의 현상 논문 모집 주제 '학문과 예술의 진보는 품성의 순화에 기여했는가'를 『메르퀴르 드 프랑스』지에서 읽음. 그때부터 『학문과 예술에 대하여』를 쓰기 시작.

1750년 7월, 디종 아카데미에서 『학문과 예술에 대하여』로 일등상을 받음. 그해 겨울부터 다음 해 초 사이 『학문과 예술에 대하여』 출간.

1751년 2월~3월, 뒤팽 부인의 집에서 일하는 것을 그만두고 생활비를 벌기 위해 악보 필사를 시작. 그해 봄 셋째 아이가 태어남.

1753년 11월, 디종 아카데미 현상 논문 공모 주제 '인간 불평등의 기원은 무엇인가, 그 불평등은 자연법에 의해 허락될 수 있는가?'를 『메르퀴르 드 프랑스』지에 게재. 숲속을 산책하며 그 주제를 명상하기 위해 생제르맹에서 일주일을 보냄. 1752년에 쓴 『프랑스 음악에 관한 편지』 출간.

1754년 8월, 제네바 교회에서 다시 신교로 복귀함. 제네바 시민권 다시 되찾음.

10월, 파리로 돌아와 암스테르담 출판인 마르미셸 레$^{Rey}$에게 디종 아카데미 논문 공모에서 떨어진 『인간 불평등 기원론』의 원고를 넘겨줌.

1755년 4월, 『인간 불평등 기원론』 발간.

9월, 라 슈브레트에 체류. 데피네 부인이 그녀의 정원에 그를 위해 마련한 작은 집 레르미타주에 거주할 것을 약속.

1756년 4월, 테레즈와 함께 레르미타주에 체류. 그해 『신엘로이즈』의 인물들을 구상.

1757년 1월, 우드토 부인 레르미타주로 첫 방문. 봄부터 여름에 걸쳐 우드토 공작부인에게 정열을 기울임.

**1758년** 5월, 우드토 부인과 모든 관계 청산.

**1761년** 1월, 『신엘로이즈』가 파리에서 시판되어 큰 성공을 거둠.

**1762년** 4월, 『사회계약론』 출간.

5월, 『에밀』이 암암리에 판매되기 시작.

6월, 경찰이 『에밀』 압수. 소르본 대학, 『에밀』을 비난함. 9일 국회에서 『에밀』의 발행 금지령이 통과되어 루소에게 구속 영장이 발부되자 그날 오후 도피. 11일, 파리에서 『에밀』 불 태워짐. 제네바에서 『에밀』과 『사회계약론』이 판매 금지됨. 7월, 스위스 베른 근처 이베르동의 친구 집에 도착. 이베르 동에서 쫓겨나 모티에로 감. 테레즈, 모티에에 도착. 샹베리 에서 바랑 부인 사망.

9월, 『에밀』을 비난하는 파리 주교 크리스토프 보몽의 교서가 발간됨. 제네바 목사 자콥 베른, 『에밀』의 「사부아 보좌신부의 신앙고백」 부분을 철회해줄 것을 요구.

11월, 소르본 대학, 「『에밀』을 준엄하게 비판함」 발간.

**1764년** 12월, 『고백』을 쓰겠다고 결심하고 그해 말부터 다음 해 초 사이에 서두 집필.

**1765년** 3월, 『산에서 쓴 편지』가 파리에서 불태워짐.

7월, 비엔호수 가운데에 있는 성 베드로섬에서 10여 일간 보냄.

9월 6일 모티에 장날 저녁, 루소의 집에 사람들이 돌을 던짐.

12일, 다시 성 베드로섬에 가서 몽상에 젖으며 식물채집을 함.

29일, 테레즈가 합류.

10월, 베른 정부에 의해 추방됨. 흄, 루소에게 편지를 써서 영국으로의 피신을 제안. 25일, 성 베드로섬을 떠나 비엔에서 며칠을 보냄.

**1768년** 8월, 도피네의 부르그왱에 정착. 테레즈, 루소에게 옴. 그 도시 시장 앞에서 테레즈와 결혼식 올림.

**1769년** 1월, 부르그왱 근처 몽켕에 있는 한 농가에서 지냄.

**1770년** 7월, 파리에 돌아와 다시 플라트리에르 거리에 정착. 악보 베끼기와 식물채집 계속.

12월, 『고백』 완성.

**1773년** 악보 베끼기와 식물학에 많은 시간을 할애.

**1776년** 5월, 『고독한 산책자의 몽상』 「첫 번째 산책」을 집필.

10월, 메닐몽탕 언덕에서 개와 부딪친 사고.

**1777년** 2월, 물질적인 어려움 표명.

**1778년** 5월, 에름농빌의 르네 드 지라르댕 후작의 초대를 받아 그곳에 감. 다음 날, 테레즈도 합류.

7월 2일, 공원을 산책하고 테레즈와 함께 아침을 먹은 뒤 오전 11시경에 사망.

# 참고문헌

게오르크 홀름스텐, 한미희 옮김, 『루소』, 한길사, 1997.

김웅권, 『타자와 나, 숨겨진 진실』, 연암서가, 2017.

김중현, 『세기의 전설』, 좋은책만들기, 2000.

몽테뉴, 손우성 옮김, 『수상록』, 동서문화사, 2005.

에드워드 윌슨, 최재천·장대익 옮김, 『통섭—지식의 대통합』, 사이언
　　　스북스, 2005.

이동렬, 『빛의 세기, 이성의 문학』, 문학과지성사, 2008.

장자크 루소, 김중현 옮김, 『에밀』, 한길사, 2003.

_____, 『학문과 예술에 대하여 외』, 한길사, 2007.

_____, 『고독한 산책자의 몽상』, 한길사, 2007.

_____, 『인간 불평등 기원론』, 펭귄 클래식 코리아, 2010.

_____, 『사회계약론』, 펭귄 클래식 코리아, 2010.

_____, 『신엘로이즈 1』, 『신엘로이즈 2』, 책세상, 2012.

장자크 루소, 이용철 옮김, 『고백록 1』, 『고백록 2』, 나남, 2012.

장자크 루소, 박아르마 옮김, 『고백 1』, 『고백 2』, 책세상, 2015.

_____, 박호성 옮김,『사회계약론 외』, 책세상, 2015.

_____, 진인혜 옮김,『루소, 장 자크를 심판하다-대화』, 책세상, 2012.

최재천·주일우 엮음,『지식의 통섭-학문의 경계를 넘다』, 이음, 2007.

츠베탕 토도로프, 고봉만 옮김,『덧없는 행복-루소 사상의 현대성에 관한 시론』, 문학과지성사, 2006.

폴 아자르, 이용철 옮김,『18세기 유럽의 사상』, 에피스테메, 2017.

프랑수아 드 페늘롱, 김중현·최병곤 옮김,『텔레마코스의 모험 1』, 『텔레마코스의 모험 2』, 책세상, 2017.


Jean Starobinski, *Jean-Jacques Rousseau: la transparence et l'obstacle*, Gallimard, 1971.

# 찾아보기

# 루소가 권하는 인간다운 삶

루소와 함께 자연을 거닐다

지은이 김중현
펴낸이 김언호

펴낸곳 (주)도서출판 한길사
등록 1976년 12월 24일 제74호
주소 10881 경기도 파주시 광인사길 37
홈페이지 www.hangilsa.co.kr
전자우편 hangilsa@hangilsa.co.kr
전화 031-955-2000~3   팩스 031-955-2005

부사장 박관순   총괄이사 김서영   관리이사 곽명호
영업이사 이경호   경영이사 김관영
편집 김지수 백은숙 노유연 김광연 김지연 김대일
관리 이중환 문주상 이희문 김선희 원선아
디자인 창포 031-955-9933
출력 블루엔   인쇄 오색프린팅   제책 중앙제책사

제1판 제1쇄 2018년 5월 11일

값 13,000원
ISBN 978-89-356-7054-3 04080
978-89-356-7041-3 (세트)